나는 반성한다

다시 쓰는 개혁보수

나는 반성한다
다시 쓰는 개혁보수

발행일 : 제1판 제1쇄 2017년 6월 23일
지은이 : 정병국
펴낸이 : 이연대
편집 : 김하나 디자인 : 이주미
제작 : 허설 지원 : 김세리 김세민 박가현
펴낸곳 : ㈜스리체어스＿서울시 종로구 평창30길 15 2층
전화 : 02 396 6266 팩스 : 070 8627 6266
이메일 : contact@threechairs.kr 홈페이지 : www.threechairs.kr
출판등록 : 2014년 6월 25일 제300 2014 81호
ISBN : 979 11 86984 12 3

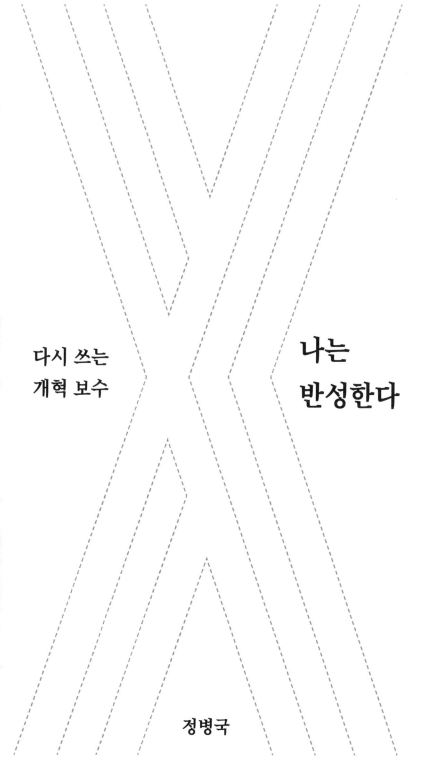

다시 쓰는
개혁 보수

나는
반성한다

정병국

목차

프롤로그

다시, 보수를 생각한다

문재인 대통령의 취임 첫날인 지난 5월 10일. 서울 서
대문구 홍은동 자택에서 걸어 나와 시민들과 인사를 나누는
문 대통령의 모습은 인상적이었지만, 낯설지는 않았다. 미디
어에서 '이런 대통령은 처음'이라며 새로운 시대가 열렸다는
환호를 쏟아 내는 동안, 나는 24년 전의 대통령 취임식을 떠
올리고 있었다. 김영삼 전 대통령은 1993년 2월 청와대로 들
어가던 날, 광화문 한복판에 차를 세우고 수만 명 인파 속으
로 걸어 들어갔다. 당시 대통령비서실 제2 부속실장으로 대
통령을 수행했던 나의 기억 속 김 전 대통령의 모습은 여전
히 생생하다. 매서운 칼바람이 부는 한겨울 날씨에 오픈카를
타고 손을 흔들며 이동하던 대통령이 갑자기 차를 세우라는
지시를 내렸을 때의 당혹스러움도 잊히지 않는다. 몰려드는
시민들을 보고 당황한 경호원들. 막아서는 경호원들을 물리
치고 시민들에게 다가가 악수를 건네는 대통령.

　　김 전 대통령은 '비정상'을 정상화한 대통령이었다. 군
사 정권을 종식시키고, 독재와 불통의 정권을 끝냈다. 시민에
게 봉사하는 대통령, 시민과 함께하는 대통령, 우리가 지금 당
연하게 생각하고 기대하는 대통령의 모습을 처음으로 보여
줬던 정치인이었다. 이제는 우리 국민은 물론 외국인 관광객
도 필수 코스로 찾을 만큼 사랑받고 있는 청와대 앞길, 인왕
산을 25년 만에 처음으로 민간에 개방한 대통령이 바로 김
전 대통령이다. 이전에는 감히 상상도 못했던 대통령에 대한

풍자가 자유롭게 허용되기 시작한 것도 김 전 대통령 시절이었다. 대한민국에서 처음으로 대통령을 상대로 한 정치 풍자, 개그가 가능하다는 것을 보여 준《YS는 못말려》는 출간 한 달 만에 35만 부 이상이 판매되면서 베스트셀러에 올랐다. 광화문과 경복궁 사이를 떡 하니 가로막고 있던 조선총독부 건물을 철거한 것도 김 전 대통령 때의 일이다. 군사 독재 정권과는 확연히 다른 세상을 열었던 김 전 대통령의 지지율은 집권 초기 90퍼센트에 육박할 정도였다.

민주 국가의 새 시대를 열었던 김 전 대통령과 정치적 인연을 맺을 수 있었던 일은 나에게는 엄청난 행운이었다. 동시에 나의 정치 인생을 관통하는 정치 이념으로서, 보수를 체화하게 된 계기였다. 김영삼 정부는 금융실명제를 도입해 투명한 시장 경제의 원칙을 세우고, 지방자치단체장 직접 선거 제도를 도입해 자유 민주주의의 근간인 지방 분권의 시대를 열었으며, 군부 사조직 '하나회'를 척결해 공화주의를 실현했다. 민주주의와 시장 경제, 그리고 공화주의의 원칙과 가치를 바로 세웠다. 보수 정치의 출발점이자 근간이 바로 김영삼 정부에서 만들어졌다.

이때만 해도 전체 유권자의 30퍼센트가 보수 정당을 지지한다는 말이 있었다. '콘크리트 지지층'이라 불릴 정도로 탄탄한 지지 기반은 어떤 일이 있어도 무너지거나 부서지지 않고 견고하게 보수를 지탱해 주었다.

그러나 지금, 보수는 궤멸 상태다. 6월 16일 발표된 한국 갤럽의 여론 조사에서 보수 정당인 바른정당과 자유한국당의 지지율은 각각 5퍼센트와 10퍼센트로 조사됐다. 보수 정당 지지율의 총합이 15퍼센트에 불과하다.

보수 정치가 시대의 변화에, 국민의 요구에 답하지 못했기 때문이다. 1980년대까지 보수는 국가의 양대 과제였던 안보와 경제 성장을 이끌면서 국민의 지지를 받았다. 1990년대에는 민주화의 한 축으로서 국가의 체제 변화를 이뤄 냈다. 동시에 한국이 글로벌 시대의 주요 구성원으로 도약하는 계기를 만들었다. 이제는 공동체의 행복과 개인의 자유를 강조하는 새로운 시대가 왔다. 그러나 보수는 소통과 공감, 공존이 아닌 불통과 독선, 편 가르기 정치로 국민을 실망시켰다. 그것이 박근혜 전 대통령 탄핵 사태와 맞물리면서 보수의 궤멸로 이어진 것이다.

많은 국민들은 나에게 보수 정당을 지지하는 것이 창피하다고 말씀하신다. 30년간 보수 정치를 해온 나 역시, 이런 처참한 상황은 처음 맞는다. 참담하고 죄스러운 마음뿐이다.

그렇다면 보수 정치는 유효 기간이 지나 버린 폐기 대상인가. 나는 그렇지 않다고 믿는다. 불통과 오만, 독선으로 일관한 수구 보수 세력이 문제이지, 보수 이념 자체가 잘못된 것은 아니다. 민주주의의 핵심 가치인 다원성, 합의의 원칙을 떠올린다면 더욱 그렇다. 진보 이념만으로는 또 다른 일방통행, 불통 정권이 나올 뿐이다. 서로 견제하고 타협점을 찾아가는 민주적 의사 결정 과정을 위해서는 보수의 역할이 반드시 필요하다. 다만, 대통령 탄핵 과정에서도 끝까지 반성하지 않았던 썩은 보수 세력으로는 의미가 없다. 문제를 외면하고 자기주장만 펴는 정치는 수십 년 군부 독재를 통해 이미 경험하지 않았던가. 보수든 진보든 상대의 생각을 존중하고 받아들일 수 있는, 열린 사고방식이 필요하다.

나는 여기서 보수 정치의 뿌리를 다시 생각해 보고 싶다. 보수 정치의 뿌리는 이승만, 박정희, 전두환의 독재 정권이 아니다. 보수와 진보는 독재를 끝내고 민주화를 이끈 두 축이었다. 나는 우리 보수 정치의 뿌리가 김영삼 전 대통령과 김영삼 정부에 있다고 믿는다. 자유 민주주의와 시장 경제를 위해 과감한 개혁을 단행했던 최초의 문민정부에서 우리 보수 정치는 출발한 것이다.

진보와 보수의 차이는 개혁의 속도에 있다. 개혁의 유무에 있는 것이 아니다. 점진적인 변화를 통한 사회 안정을 도모하는 것이 보수이지, 변화를 외면하고 개혁하지 않으며 고여 있는 썩은 물이 되겠다는 것이 보수는 아니라는 말이다.

현실을 인식하고 문제를 해결할 수 있어야 국민의 지지를 얻을 수 있다. 북핵의 위협을 과장하거나 이용하지 않는 진짜 안보, 양극화를 해소해 공동체를 유지할 수 있는 따뜻한 경제, 부패 기득권 세력과 차별화되는 깨끗하고 공정한 보수가 되어야 한다.

　　이 책은 자유 민주주의의 원칙을 잃어버리고 기득권에 안주하는 데에 급급했던 보수 정치의 반성문이다. 30년을 보수 정치인으로 살아온 정병국의 자아비판이자 참회록이기도 하다. 동시에 나는 이 책이 보수의 가치와 메시지를 왜곡하는 오염된 메신저를 바로잡고, 변화와 혁신의 길을 제시하는 교본이 되기를 소망한다. 보수가 변화하고, 젊고 합리적인 세력이 보수의 주류가 되는 사회를 만들 수 있다면, 보수와 진보가 상식적인 논쟁을 하고 합의를 도출해 내는 협치의 새 정치도 충분히 가능할 것이라고 믿는다. 인물 중심의 패거리 정치가 아닌 철학과 정책을 놓고 경쟁하는 새 정치가 먼 나라 얘기만은 아닐 것이다.

1장

나는 왜 보수가 되었나

회색분자 정병국

　나의 대학 시절 친구들은 지금도 가끔 묻는다. "정병국이가 왜 보수 정당에 가 있느냐"고. 누구보다 진지하게 학생 운동을 했고, 수감 생활까지 했던 대학생 정병국이 보수 정당에서 내리 5선을 하고, 당 대표까지 맡은 것이 어울리지 않는다는 얘기다. 그러나 나의 신념은 대학 시절이나 지금이나 조금도 변하지 않았다. 사람들이 누려야 할 당연한 권리가 훼손되지 않는 사회를 만드는 것, 민주주의를 바로 세우는 것이 나의 변함없는 목표다. 학생 운동을 할 때, 내가 생각했던 것은 단 하나였다. "왜 이래야 하는가. 군부의 몇 사람을 위해 국민이 인간으로서 누려야 할 권리를 제약당하는 것이 옳은가. 바뀌어야 한다." 자유 민주주의를 지켜야 한다는 신념은 진보의 전유물이 아니다. 그랬기에 나로서는 김영삼 전 대통령과 함께 일하고, 보수 정당에서 정치 입문을 한 과정이 너무도 자연스러웠다. 민주화 운동에 뛰어든 대학생, 김영삼 정부의 참모, 보수 정당의 국회의원, 당 대표. 이 이름들은 민주주의라는 원칙하에 끊임없이 변화를 모색했던 나의 정치 인생에서 만난 직함들일 뿐이다.

　돌이켜 보면, 나는 줄곧 '회색분자' 취급을 받았다. 다수가 택하는 길, 주류가 향하고 있는 방향에서 나는 늘 한 걸음 떨어져 있었다. 서울 유학 생활을 시작한 초등학교 5학년

때에는 전깃불도 안 들어오는 시골에서 전학 온 아웃사이더
였다. 서울에 가서 공부를 하겠다는 목표 하나로, 낮에는 수
돗물이 끊기는 성북구 돈암동 산동네에서 스스로 밥을 해먹
으면서 학교를 다녔다. 삼수 끝에 진학한 대학에서는 이미 3
학년이 되어 있는 친구들 사이에서 패배자라는 생각에 빠지
기도 했다. 고시 공부를 하겠다고 들어간 고시촌에서는 민주
화 운동을 하다 수배 중이었던 운동권 선배를 만났다. 학생
들을 속박하고 자유를 억압하는 정권에 저항하기 위해 민주
화 운동에 뛰어들었을 때는, 진보 이념으로 무장한 투쟁가들
이 나를 분열주의자로 몰았다. 제도권 정치에 입문한 후에는
정당 개혁, 보수 혁신을 주창하면서 보수 정치권의 이단아로
불렸다. 5선 국회의원이 된 지금도 좌장이나 중진 같은 호칭
보다는 '원조 소장파'라는 이름이 더 익숙하다.

나는 어떤 위치에 있든 문제점이 있다면, 그것을 바꾸
기 위해 싸웠다. 내가 선택한 일이라고 해도 잘못이 있다면
인정하고 고쳐야 한다고 믿어 왔다. 그것이 주류 세력의 눈
에는 회색분자로, 이단아로 보였을 것이다.

16대 국회에서 나는 국회의원과 원외 위원장, 그리고
외부 전문가들로 구성된 개혁 모임인 '미래연대'를 이끌며 선
거 공영제, 지구당 폐지 등을 골자로 한 정치 개혁 법안을 통
과시켰다. 일명 '오세훈법'으로 알려진 이 법안들은 집회를
열어 돈을 뿌리고, 폭력까지 동원해 청중을 끌어모으는 과거

의 고비용 선거 구조를 개선하는 데 크게 기여했다. 우리가 지금은 당연하게 생각하는 돈 안 쓰는 선거, 투명한 정치 비용의 공개와 국가의 선거 지원이라는 시스템이 당시에는 너무나도 급진적이라는 평가를 받았다. 그러나 이는 급진적인 것이 아니라 지극히 당연하고 근본적인 변화였다.

17대 국회에서는 국회의원들을 중심으로 한 쇄신 모임 '새정치 수요모임'을 만들어 정당의 민주화를 목표로 투쟁했다. 제왕적 총재 제도를 개선하고 집단 지도 체제 중심의 민주적 당 대표 제도 도입을 이루어 냈다. 2004년 '차뗴기' 사건과 노무현 대통령 탄핵 역풍으로 국민 신뢰를 잃었던 한나라당의 환골탈태를 위해 천억 원대에 달하는 충청남도 천안의 당 연수원과 여의도 당사를 국고에 헌납하고 천막 당사로 물러나 초심을 되찾자는 주장을 편 것도 '새정치 수요모임'의 주축이었던 남·원·정(남경필, 원희룡, 정병국)이다.

많은 사람들이 천막 당사를 박근혜 전 대통령의 정치적 승부수로 생각하지만 실상은 전혀 다르다. 천막 당사를 만든 것도, 박근혜 당시 의원을 당 대표로 추대한 것도 젊은 정치인이었던 남경필, 원희룡, 정병국이었다. 우리는 천막 당사를 구상하고, 당시 총재 제도 개혁 등을 요구해 왔던 박근혜 의원을 개혁의 리더로 점찍었다. 그리고 박 의원을 당의 대표최고위원으로 추대해 전당대회에서 당선시켰다. 박근혜 대표 체제가 출범한 날, 우리는 밤새 여의도 중소기업 전시장 터에 천막 당사를 설치하고 뜬눈으로 아침을 맞았다. 그리고 당사로 첫 출근을 하던 박근혜 대표를 가로막고 당사에 들어가지 못하게 했다. 결국 박 대표는 당사 현판을 떼어 들고 여의도 광장을 가로질러 가 천막 당사에 현판을 걸었다.

그러나 12년 만인 2016년, 나는 내가 추대한 보수 정당의 리더, 박근혜 전 대통령을 탄핵하는 일을 이끌어야 했다. 보수 정당을 지지해 온 분들로부터는 배신자 소리를 듣고, 보수 정당을 지지하지 않았던 분들로부터는 부역자라는 소리를 들으면서도 선택할 수밖에 없었던 일이다. 썩은 보수와 선을 긋고 도망쳐 나만 살겠다고 내린 결정이 아니었다. 대통령 탄핵 소추안을 통과시키는 과정은, 나 자신을 포함한 보수 정치에 대한 탄핵 선언이기도 했다. 나부터 반성하고 기득권을 내려놓겠다는 결심을 하지 않았다면, 탄탄한 지지 기반을 갖춘 거대 정당에서 떨어져 나와 군소 정당에 투신하는 일은 없었을 것이다. 내가 만든 대통령을 내 손으로 몰아내는 탄핵을 주도하지도 않았을 것이다.

오염된 메신저

최순실의 태블릿PC에 담긴 내용이 보도된 그날 밤, 나는 이정현 당시 새누리당 대표를 비롯한 유력 대권 주자들에게 급히 전화를 했다. 심각한 상황과 엄청난 파급력을 고려할 때 우리 당의 존립 자체가 흔들리는 상황이었다. 그런데도 이 대표를 비롯한 당내 유력 인사들의 반응은 안일했다. 나는 야당에서 특검을 요구하는 주장이 나올 것이고, 야당과 공동 정부, 중립 내각을 구성하는 방안도 제기될 것이라고 전망하면서, 야당이 제안하기 전에 선도적으로 수습책을 제시해야 한다고 주장했다.

그런데 박근혜 정부는 야당과 대화하지 않은 채로 중립 내각의 총리를 일방적으로 내정했다. 대통령의 질서 있는 퇴진에 대해서도 받아들이지 않았다. 대통령은 대국민 사과를 하더니, 점점 잘못이 없다는 얘기를 하기 시작했다. 광장의 촛불은 더 크게 타오르는데, 대통령은 반응이 없었다. 국정 지지율은 5퍼센트 이하로 곤두박질쳤다. 대통령이 있는데도, 아무런 일을 할 수 없는 사실상의 헌정 중단 사태가 목전에 와 있었다. 이를 막기 위해 택할 수 있는 방법은 탄핵밖에 없었다. 법 절차에 따라, 국무총리가 대행하는 체제를 만드는 것이 헌정을 유지하는 유일한 방법이었다.

내가 아는 보수는 의사 결정 과정의 투명한 공개와 권력 견제라는 민주주의의 원칙을 지키는 정치 세력이다. 제왕적인 권력을 휘두르면서 전혀 견제받지 않는 대통령, 국회도 국민도 모르는 비선 실세의 존재는 보수를 또다시 수구 부패, 적폐 세력으로 전락시키는 충격적인 결과를 낳았다.

많은 국민들은 묻고 있다. 보수가 민주주의에 기여한 것이 무엇이냐. 보수 정치는 대체 왜 필요한가. 내가 답할 수 있는 것은, 탄핵된 보수, 부패한 보수는 가짜 보수라는 것이다. 내가 배우고 좋아온 보수는 자유 민주주의와 시장 경제의 원칙을 바탕으로 안전하고 살기 좋은 나라를 만들겠다는 정치 철학이지, 기득권을 유지하기 위해 원칙을 저버리고 탈법을 일삼는 썩은 정치가 아니다.

썩은 보수는 그동안 국민이 보수를 지지하는 기반이 되어 주었던 경제 성장과 안보를 스스로 무너뜨렸다. 저성장 시대에 접어든 이후에도 고도 성장기의 담론에 매달리면서 복지 확충, 재벌 개혁 등 경제민주화 정책을 제시하지 못했다. 세상이 바뀌었는데, 환경이 바뀌었는데, 정책 방향을 바꾸자는 얘기를 하면 좌파로 매도했다. 자본주의 경제 시스템의 폐해가 나타나고 있는데도 산업화 시대의 논리를 고집했다. 양극화로 사회의 안정성이 무너지고 있는데도 사회 안전망을 확충하고 시장 경제의 원칙을 확보하는 데에는 무관심했다.

한편으로, 선거철만 되면 북풍 공작을 일삼고 색깔론을 폈다. 안보가 중요하다는 사람들, 나라를 지켜야 한다는 사람들이 안보를 이용하고 장사를 하니, 안보의 값어치는 땅바닥에 떨어졌다. 이제는 안보 문제를 꺼내면 "또 색깔론을 편다"는 비판을 받는 상황이 됐다. 분단국가인 한국에서 국가의 존립과 직결되는 안보를 논하는 것이, 당면한 위협인 북핵 문제를 논하는 것이 '색깔론'으로 치부되는 것이다.

대책을 세우려 해도 더 이상 논의가 진전되지 않는다. 안보 문제를 논의조차 할 수 없는 환경에서, 안보 불감증은 전 국민적으로 확산됐다. 안보는 '보수 꼴통'의 관심사에 불과하다는 식의 논리가 득세한다. 보수는 틈만 나면 늑대가 왔다고 외쳐 대다가, 정작 늑대가 왔을 때는 아무도 돌아보지 않는 양치기 소년의 꼴이 되고 만 것이다.

이 모든 잘못은 보수 정치의 원칙, 근간을 훼손시킨 데에서 출발한다. 보수는 자유 민주주의와 시장 경제의 원칙을 수호하는 세력이다. 색깔론만 펴면서 안보 불안을 조장하는 것이 보수 정치의 목적이 아니다. 자유 민주주의를 지키기 위해 북한의 사상이 침투하는 것을 막아야 한다는 목표로부터 안보 중시의 전략이 나와야 한다.

부자들 세금을 깎아 주고 서민 복지를 외면하는 기득권 세력이 보수 정치가 아니다. 시장 경제의 원칙을 지키기 위해서 조세의 정의를 실현해야 하고, 서민의 안정적인 시장 참여를 도울 복지 정책이 필요하다고 생각하는 것이 정상적인 보수다.

탄핵 사태를 거치면서 국민들이 체감하는 보수는 부패한 기득권 세력의 다른 이름에 불과하다. 이는 보수의 가치와 메시지가 아닌, 그것을 전달하는 메신저가 오염된 결과다. 보수 정치의 메신저가 이렇게까지 오염된 데에는, 보수 정당의 5선 국회의원인 나의 책임도 크다. 정치 입문 후 30여 년간 보수를 개혁하기 위해 노력했지만, 역부족이었음을 자인한다. 그러나 분명한 것은, 보수는 개혁을 했을 때에만 국민의 선택을 받았다는 사실이다. 보수는 변화하지 않고 그 자리에 안주하는 수구 세력이 아니다. 원칙을 지키기 위한 변화를 택하는 것이 보수라는 사실을 보수 정치인들 스스로가 너무나 오랫동안 잊고 있었다.

지금까지 보수 정치의 근간을 이어 온 세 가지 가치가 있다. 바로 경제 성장, 안보, 교육의 가치다. 처절했던 가난을 극복하기 위한 경제 성장, 6·25를 겪으며 실감한 안보의 중요성, 그리고 이 두 가지를 가능케 했던 교육은 보수가 지켜 온, 그리고 보수를 지켜 온 가치였다.

하지만 시대가 변했다. 경제 성장은 한계에 봉착했고 만성적 저성장의 늪에 빠졌다. 안보의 중요성은 색깔론으로 치부되고, 교육은 산업화 시대의 아날로그 교육에 매몰되어 입시 위주의 주입식 교육에서 벗어나지 못하고 있다. 결국 경제, 안보, 교육이라는 가치가 시대의 변화를 따라가지 못하면서 보수의 밑천이 다 드러난 것이다.

로버트 필 / 영국 전 총리

정치에서 최선의 덕목은 변화가 불가피해질 때까지 그것에 저항하고, 그러고는 가능한 한 가장 조용하게, 최대한의 경의를 갖추고, 전통을 존중하면서 변화를 받아들이는 것이다.

로저 스크러튼 / 영국의 보수 지식인

보수주의는 모든 성숙한 사람들이 선뜻 공감할 수 있는 생각, 즉 훌륭한 유산은 쉽사리 파괴되지만 쉽사리 창조되지 않는다는 생각에서 기인한다. 이것은 특히 우리에게 공동의 자산으로 주어지는 훌륭한 유산, 즉 평화, 자유, 법, 공손함, 공공심, 재산 및 가정생활의 보장 등에 적용되는 말이다. 이 모든 것을 누리려면 우리는 타인의 협조에 기댈 수밖에 없으며, 혼자 힘으로는 무엇 하나 누릴 수 없다. 훌륭한 유산을 파괴하는 작업은 빠르고 수월하고 신나지만, 창조하는 작업은 느리고 힘들고 지루하다. 이것은 20세기의 교훈 가운데 하나다. 아울러 진정한 보수주의자들이 여론에서 손해를 보는 이유 가운데 하나이기도 하다.

2장

보수의 몰락

보수와 진보

　지난 5월 대선에서 중앙일보와 한국정치학회는 '초간 단 정치 성향 테스트'를 내놨다. 참여자가 주요 정책 이슈에 대한 의견을 밝히면 보수인지 진보인지 판별해 주는 온라인 테스트였다. 테스트는 아래의 15가지 문항으로 구성돼 있다.

1. 대북 지원, 어떻게 해야 할까요?
2. 외교, 미국을 탈피해야 할까요?
3. 국가 보안법, 어떻게 해야 할까요?
4. 개성공단, 어떻게 해야 할까요?
5. 사드 배치, 국익에 도움이 되는 걸까요?
6. FTA가 경제 주권을 해친다고 생각하세요?
7. 경제 성장보다 복지 확충이 중요하다고 생각하세요?
8. 노동개혁법, 개악일까요?
9. 대기업 규제, 필요할까요?
10. 부유세, 도입해야 한다고 생각하시나요?
11. 인터넷 실명제, 어떻게 생각하시나요?
12. 일제고사는 시대착오적인 걸까요?
13. 성적 소수자의 권리, 보장해야 할까요?
14. 양심적 병역 거부, 허용해야 할까요?
15. 집회와 시위의 자유, 폭넓게 허용하는 게 맞을까요?

외교, 안보 이슈부터 경제, 교육, 인권의 문제까지 다루고 있는 15개의 문항은 우리 삶 전반에 영향을 미치는 정책들을 망라하고 있다. 결국 우리 삶의 방향성에 대한 생각이 보수와 진보를 가르는 기준이 되는 셈이다.

정치인들의 이념 성향도 같은 방식으로 측정할 수 있다. 한국정당학회와 YTN이 2016년 4월 13일 제20대 국회의원 선거 직전 819명의 후보자를 대상으로 실시한 이념 성향 조사에는 집회와 시위, 원자력 발전소 증설, 안락사 허용, 사형 제도, 성 소수자 인권, 대기업 규제, 고교 평준화, 국가보안법 개정, 사드 도입 등 유권자 조사와 비슷한 정책 이슈를 묻는 문항들이 포함돼 있다.

두 가지 조사에 등장한 질문들에는 정답이 없다. 모두가 다른 답을 내놓을 수 있다. 그래서 유권자도 정치인도 보수, 진보로 갈린다.

보수도 진보도 타고나는 것이 아니다. 살아가면서 부닥치는 질문들에 답을 해나가는 과정에서 보수, 진보가 만들어진다. 학습과 경험의 결과인 인생관, 국가관이 보수와 진보라는 정치 성향으로 나타나는 것이다. 그렇기 때문에 보수, 진보 어느 한쪽을 옳다거나 나쁘다고 규정할 수는 없다.

다양한 시각이 존재하는 것은 당연하고 자연스러운 현상이다. 어떤 정책에 대해 모든 사람이 똑같은 목소리를 내는 사회야말로 비민주적인, 닫힌 사회일 것이다.

그렇다고 각자 다른 생각을 고집한 채로 다툼만 벌이면 정책 결정과 추진이 불가능하다. 이것이 바로 정치가 필요한 이유다. 토론과 협상을 통해 다양한 시각을 조율하고 설득력 있는 결과를 도출해 내는 것이 정치다.

앞서 언급한 2016년 국회의원 후보 이념 성향 조사에서 새누리당 후보들은 평균 6.33점, 더불어민주당 후보들은 평균 2.94점으로 측정됐다. 국민의당 후보들은 평균 3.83점, 정의당 후보들은 1.24점이었다. 0에 가까울수록 진보, 10에 가까울수록 보수 성향이라는 분류 기준에 따르면, 우리 정치권에는 진보에서 중도, 보수에 이르는 다양한 스펙트럼이 존재하는 셈이다.

마찬가지로 국민의 정치 성향 스펙트럼도 다양할 것이다. 그러나 정치가 지향해야 하는 것은 균형이다. 어느 한쪽으로 치우친 결정을 내려서는 다수의 국민을 설득하기 어렵다. 실제로 2012년 중앙일보의 유권자 정치 성향 조사 결과, 우리 국민의 평균적인 점수는 5.2점으로 중도 성향을 보였다. 국민 개개인의 정치 성향은 다양하지만, 전체의 평균은 거의 정확히 가운데 지점을 향하고 있다.

결국 보수와 진보라는 양대 정치 이념이 서로 영향을 주고받으면서 균형을 잡아 가는 것이 올바른 정치의 길이다. 그러기 위해서는 보수나 진보 어느 한쪽으로 치우쳐서는 안 된다. 진보만으로는, 보수만으로는 국민의 의사가 왜곡되는 결과를 낳을 수 있다. 보수 정치 궤멸의 시대를 넘어 진짜 보수, 개혁 보수가 필요한 이유다.

편 가르기 정치

대통령 탄핵이라는 초유의 사태를 거치면서, 나는 정치의 의미에 대해 다시 한번 생각해 보았다. 정치라는 단어를 한자 그대로 풀이하면 다스린다, 부정을 바로잡는다, 도리를 다한다는 의미다. 국어사전을 찾아보니 '국민들이 인간다운 삶을 영위하게 하고 상호 간의 이해를 조정하며, 사회 질서를 바로잡는 역할'을 하는 것이라는 정의가 나온다. 갈등을 줄이고, 이견을 조정해 화합을 이끌어 내는 일. 단어의 의미로만 미루어 봐도 알 수 있는 정치의 역할이다. '정치는 타협의 예술'이라는 그 유명한 명제는 정치의 의미를 되새기는 출발점인 셈이다.

그러나 민주화 이후의 우리 정치는 타협보다는 투쟁을 우선시하는 대결 구도에 빠져 있었다. 가장 큰 책임은 양김 — 김영삼, 김대중 전 대통령 — 에게 있다고 생각한다. 민주화 운동의 거두였던 두 정치인은 군사 독재 정권 타파라는 공동의 과제가 사라진 민주화 이후에 지역을 활용한 작위적인 대결 구도를 조장했다. 경상도 출신인 김영삼과 전라도 출신인 김대중이 민주화 이후의 권력 경쟁을 벌이는 과정에서 해묵은 영호남 지역 갈등이 본격화했다.

민주정의당, 통일민주당, 신민주공화당의 3당 합당은 호남의 반감을 자극하는 도화선이 됐다. 김영삼 세력은 군부와 자본가 등 기득권 계층과 결합해 현재의 보수 세력을 형성했다. 전두환 신군부 정권의 탄압과 광주 민주화 운동을 겪은 호남 시민들에게, 신군부 세력의 후신인 민정당과 합당한 김영삼 통일민주당 총재는 '적'으로 규정될 수밖에 없었다. 반면, 김대중 세력은 재야의 사회주의 운동가 등과 결합해 진보 세력으로 성장해 나갔다.

호남 민심을 얻기 어려워진 보수 세력은 지역감정을 자극해 영남 표심을 결집시키는 선거 전략에 빠져들었다. 1992년 대선을 일주일 앞두고 드러난 이른바 '초원복집 사건'이 대표적인 사례. 정부 기관장들이 모여 김영삼 민자당 후보를 당선시키기 위해 타 후보를 비방하고 지역감정을 부추기자는 모의를 했던 이 사건은 '우리가 남이가'라는 유명한 말을 남겼다. 그리고 양김을 중심으로 한 영호남 갈등을 악화시키는 계기가 됐다.

김영삼 전 대통령은 취임 초기인 1993년 5월 광주 민주화 운동 성역화 작업을 추진해 호남 시민들의 마음을 돌리려 했다. 광주 민주화 운동을 '민주화의 초석과 국가 발전의 원동력'으로 규정한 김영삼 정부는 광주 민주화 묘역을 국립

묘지로 승격시켰다. 민정당 세력과의 결합에 대해서도 군사 독재 세력의 재집권을 막기 위해 '호랑이를 잡으러 호랑이 굴로 들어간 것'이라고 해명했다. 그러나 호남 시민들의 분노를 가라앉히기에는 역부족이었다.

　　민자당을 출발점으로 하는 한국 보수 정당들은 3당 합당의 원죄에서 벗어나기 어려웠다. 호남의 마음을 돌리려는 노력을 하기보다는 영남 표심을 결집하는 것이 더 쉬웠다. 평상시에는 지역 갈등 해소, 영호남 화합을 부르짖었지만, 막상 선거가 목전에 닥치면 지역감정을 자극해 표를 얻으려는 구태를 반복했다.

　　보수 정치권은 박근혜 대통령 탄핵 이후 치러진 지난 대선에서도 지역 갈등을 조장하는 행태를 보였다. 자유한국당의 홍준표 후보는 유세 중 "영남에서 가만히 있으면 안 된다", "영남이 저에게 몰아주면 제가 대통령이 된다"는 발언을 했다. 탄핵 사태로 국민적 신뢰를 잃은 보수 정치권이 내세울 수 있는 전략은 여전히 지역 구도였다.

　　개혁 보수 세력을 규합해 바른정당을 창당하면서, 우리는 보수 세력이 이번 선거에서 이기는 일은 불가능하다고 생각했다. 대통령이 탄핵된 마당에 재집권을 하겠다는 것은 어찌 보면 도둑놈 심보였다. 우리는 보수의 가치를 바로 세워보고자 했다. 보수의 정치 철학과 정책에 공감하는 시민들의 표심을 얻기 위해 싸웠다. 그러나 지역 구도의 높은 벽을 넘어서지 못했던 점을 뼈아프게 반성하고 있다.

안보 장사와 색깔론은 지역 구도와 결합돼 국민 갈등을 더욱 부추겼다. 보수 정치 세력은 김대중 대통령의 햇볕정책을 종북으로 규정하고, '호남-진보-종북'이라는 연결 고리를 강화하려 했다. 정책에 대한 비판을 지역, 이념으로 확장시키면서 접점을 찾기 어려운 극한의 대립을 만들었다. '북풍'이 선거판을 흔들면, 보수 세력은 안보를 걱정하는 게 아니라 선거 승리를 기대하며 환호하는 분위기였다.

국가 존립을 좌우하는 안보 문제를 팔아 온 대가는 혹독하다. 색깔론은 부메랑이 되어 역색깔론으로 돌아왔다. 이번 대통령 선거 토론회에서 바른정당 유승민 후보가 "북한이 주적이 맞느냐"는 질문을 한 것을 두고, 더불어민주당 문재인 후보 진영에서는 "실망이다", "매카시즘이다"라는 비판이 나왔다. 분단국가인 우리나라에서 안보관을 확인하기 위해 가장 먼저 물어야 할 북한에 대한 생각, 북한과의 관계에 대한 질문은 색깔론으로 치부되고 말았다. 우리 헌법은, 한반도와 그 부속 도서를 영토로 하고, 자유 민주적 질서에 입각한 평화 통일을 지향한다고 규정하고 있다. 헌법을 수호해야 할 대통령이라면 가장 먼저 명확히 밝혀야 할 것이 북한에 대한 생각일 것이다. 그러나 우리 사회는 북한을 적으로 보느냐는 질문 자체를 놓고도 갈등한다. 이런 사태를 만든 시발점이 바로 보수의 안보 장사다.

국민을 동서로, 남북으로 갈라놓은 지역감정 조장, 안보 장사는 보수 정치의 이미지를 오염시켰다. 보수 정치가 마치 영남권만 배려하는, 북한과의 싸움에만 골몰하는 세력인 것처럼 생각되게 만들었다.

　　　보수 정치권 내부에서도 이러한 사태를 걱정하는 사람들이 많았다. 보수는 자유 민주주의와 시장 경제를 수호하기 위해 점진적인 개혁을 모색하는 정치 세력이지, 영남 패권주의와 반북 정서로 뭉친 패거리가 아니라는 위기감이 있었다.

　　　그러나 위기감은 계파 중심의 패권 정치라는 내부의 문제를 넘지 못했다. 대중적 인기가 높은 정치인을 중심으로 계파가 만들어지고, 계파를 중심으로 자리를 나눠 먹는 일이 비일비재했다. 전당대회에서 당의 공식 의사 결정 기구에 참여할 최고위원 등을 선출할 때에는 계파별로 뽑을 후보를 정해 하달해 주는 일도 있다. 보수라는 정치 철학, 시민을 위해 일하는 것이 아니라 특정한 정치인에 부역하는 것이 우선인 정치인들이 많았다. 그러다 보니 보수 개혁보다는 당장의 자리 보전을 위한 계파 활동, 줄서기가 더 중요해지는 것이다.

　　　박근혜 전 대통령이 탄핵 사태를 맞게 된 것은 국민은 안중에도 없이 '박근혜 친위대'를 자처한 친박 세력의 잘못 때문이었다. 그들은 국민 여론과 당 내부의 의견은 무시하고 박 전 대통령만 바라보면서, 문제를 감추고 비호하는 데 급급했다.

탄핵안이 발의된 것은 거국 내각의 무산 때문이었다. 그리고 거국 내각이 무산된 것은 친박 지도부의 충성 경쟁 때문이었다. 최순실 사태가 불거진 직후였던 2016년 11월 초, 나는 최고중진연석회의에 참석해 정국 대응 방안을 논의하고 있었다. 그런데 회의 도중, 청와대에서 김병준 국민대 교수를 거국 내각 총리로 인선한다는 발표가 나왔다. 거국 내각을 구성하려면 당연히 야당과 먼저 대화해야 하고, 그렇지 않으면 정권이 붕괴될 수 있다고 생각했던 나는 이정현 당시 대표에게 "이런 사실을 알고 있었느냐"고 따져 물었다. 그러자 이 대표는 쪽지 하나를 보여 주며 "나도 쪽지를 받고 지금 알았다"고 둘러댔다. 그런데 그 시각, 당 대변인은 청와대의 총리 인선을 환영한다는 논평을 내고 있었다. 이튿날 청와대는 이정현 대표에게는 미리 통보를 했다는 입장까지 내놨다. 집권 여당의 대표가 대통령의 하수인으로 전락해 당 지도부, 중진들에게 거짓말까지 하는 지경에 이르렀던 것이다. 결국, 거국 내각 총리 인선은 무산됐고, 국정은 마비 상태에 빠졌다. 탄핵 논의는 급물살을 타기 시작했다.

　　"이제는 패거리를 만들 때가 됐다." 2014년 경기도지사 선거 경선에서 떨어지고 난 후, 이런 말을 많이 들었다. 다선 중진이 되었으니 계파를 만들고 세력을 키워야 한다는 조언이었다. 결국 나와 가까운 사람들을 주요 보직에 앉혀 놓고 그 사람들을 통해서 표를 얻어 보라는 얘기였다.

그러나 나는 우리 정치의 가장 큰 폐단이 패거리 정치, 패권 정치라고 믿어 왔다. 공정한 기준으로, 능력대로 사람을 뽑아 쓰는 민주 사회, 시장 경제의 기본이 지켜지지 않는 정당이 과연 민주주의 정치 체제를 이끌 자격을 갖추고 있는 것인가. 정책과 철학보다 스타 정치인을 만드는 데 주력하는 정당은 누구를 위해 존재하는가. 독재 세력과의 싸움에서 승리해 쟁취한 민주주의를 우리 국민 모두의 것이 아닌, 특정 지역, 특정 계파의 전유물로 만들어서는 안 된다. 무엇보다 당 내부에서부터 내 편, 네 편을 갈라 극한의 싸움을 벌여서는 여야가 대화를 통해 합의에 이르는 협치의 정치는 요원해진다.

불통과 권위주의

보수하면 흔히 따라오는 표현이 '꼴통'과 '꼰대'다. 꼴통은 머리가 나쁘고 말이 안 통하는 사람을 속되게 지칭하는 말이고, 꼰대는 가르치려고만 드는 나이 많은 사람을 비꼬는 표현이니, 보수의 이미지는 불통, 권위주의, 기득권인 셈이다.

스마트폰도, 인터넷도 없었던 이전에는 꼴통, 꼰대 보수로도 생존할 수 있었다. 정보는 소수의 기득권만 접할 수 있었고, 잘못과 부정은 숨기면 됐다. 지금처럼 즉각적인 여론의 반응을 접하기도 어려웠으니, 정치인들은 자기들끼리 모여서 얘기하고 결정하면 그만이었다.

그러나 시대가 달라졌다. 순식간에 정보가 유통되는 시대에, 정치인의 일거수일투족은 감시의 대상이 됐다. 잘못을 숨기려야 숨길 수가 없다. 본회의장에서 스마트폰으로 딴 짓을 하다 적발되는 의원들의 모습, 막말을 하면서 싸우는 회의 내용은 실시간으로 국민들에게 전달된다. 총리가 자동차를 탄 채로 기차역 플랫폼까지 진입해 들어가는 장면은 스마트폰 카메라에 찍혀 인터넷에 올라간다.

이러니 국민들은 정치인을 존경하기는커녕 좋아할 수조차 없다. 그런데도 보수 정치인들은 여전히 가르치려 들고 군림하려 한다. 광장에서 촛불을 든 시민들을 매도하고, 젊은이들에게 '내가 네 롤모델이다'를 외치고 있으니 공감을 살 리 만무하다.

불통은 단순히 보수가 '국민 비호감'이 되는 데에만 일조한 게 아니다. 불통은 정책의 성패를 좌우한다. 이명박, 박근혜 정권을 거치면서 손에 꼽는 정책 실패, 대응 실패의 사례들이 모두 불통과 권위주의에서 나왔다.

지난 몇 년간 가장 충격적이었던 일을 꼽으라면 국민 대다수가 세월호 침몰 사고를 떠올릴 것이다. 팽목항에서 12일을 보냈던 나는 현장에서 만났던 실종자 가족들의 아픔을 잊지 못한다.

나는 세월호 사고가 발생하자마자 진도 실내체육관 현

장으로 내려갔다. 그러나 곧바로 쫓겨났다. 정치인들이 으레 그러듯, 검정색 세단을 타고 보좌진의 의전을 받으면서 들어오는 의원들은 여야를 막론하고 모두 문전박대를 당했다. 그래도 나는 계속해서 들어갔다. 날아오는 물병을 맞으면서도, 멱살을 잡히면서도 다시 들어갔다.

그러다 실종자 가족들과 밤새 대화를 나누게 됐고, 현장의 요구 사항을 들을 수 있었다. 즉각, 여당 의원으로서 할 수 있는 조치를 다했다. 실종자 가족들을 불편하게 하지는 말아야겠다는 생각에, 다음 날엔 여의도로 올라가려고 했다. 그런데 오히려 가족 분들이 더 있다 가라고 만류하는 것이었다. 이야기를 들어줄 사람, 대책을 마련해 줄 사람이 절실했던 것이다. 그래서 나는 진도 현장에서 꼬박 열이틀을 보냈다. 그동안 중앙 정부 차원의 대응을 지원하는 당내 특별위원회를 만들고 시스템을 정비했다. 그리고 나서 다시 서울로 올라왔다.

그러나 여당 의원들이 철수하고 나니 여당과 정부의 대응이 흐지부지되기 시작했다. 야당은 실종자 가족이 다수 거주하고 있는 경기도 안산 지역에서 단체를 조직하고, 실종자 가족의 의견을 대변하는 데 앞장섰다. 그러자 현장에 나와 적극적으로 대책 마련에 임하는 듯했던 대통령은 실종자 가족이 특정 세력과 결탁했다고 보고, 선을 긋는 모양새를 보였다. 사고 현장에서 행동하지 않았던 보수는 자연스럽게 실종자 가족과 멀어졌다.

현장에서 몸으로 부딪치지 않는 것, 끈기 있게 달라붙어 문제를 해결하려 하지 않는 것. 나는 이것이 보수 정치의 가장 큰 병폐라고 생각한다. 이주영 당시 해양수산부 장관을 비롯해 수많은 보수 정치권 인사들과 정부 관계자들이 세월호 사고 실종자 수색과 원인 규명을 위해 노력했다. 그러나 그 노력은 충분하지 않았다. 계속해서 관심을 갖고 문제를 해결하려 했어야 했고, 실종자 가족과 선을 긋는 일은 없었어야 했다.

현장을 외면하는 정치는 곧 탁상공론과 불통으로 이어진다. 2015년 중동호흡기증후군(메르스) 사태는 정치의 불통이 전 국민을 혼란에 빠뜨릴 수 있다는 사실을 여실히 보여 주었다. 현장의 국민은 불안에 떨면서 스스로 정보를 찾아내려 하는데, 정치권은 정보를 숨기기만 했다. 알리지 않는 것이 국민의 불안을 해소할 수 있는 방법이라고 믿는 듯했다. 신속하게, 있는 그대로 대국민 보고를 하고, 정확한 행동 지침을 내렸다면 38명의 사망자가 발생하는 재앙은 막을 수 있었을 것이다.

일방통행식 불통 정치는 권력이 정보를 독점했던 독재 시대의 관행과 일맥상통한다. 정보를 통제할 수 있다고 믿는 것 자체가 시대의 변화를 간과한 구태이자 오만이다. 새로운 시대에 맞는 개방적인 소통의 리더십이 필요한데, 보수 정치 세력은 그렇지 못했다.

불통은 정책의 취지를 왜곡하는 결과를 낳기도 한다. 박근혜 정부의 사드(THADD·고고도미사일방어체계) 도입 과정이 그렇다. 나는 2015년부터 사드 배치의 필요성을 주장해 왔다. 사드 배치를 지렛대로 삼아 중국을 압박하고, 중국을 통해 북한을 설득하는 방식으로 북핵 문제를 해결해 나가야 한다는 것이 내 생각이었다. 그런데 정부는 사드 배치에 대해 "미국으로부터 요청받은 적도 없고, 협의한 적도 없고, 결정한 바도 없다"는 '3NO'의 입장을 반복했다. 그러다 지난해 9월 갑자기 사드 배치를 발표하고, 4월에는 한밤중에 기습적으로 사드를 국내에 들여온 것이다.

야당에서 반대하는 것은 당연한 일이다. 찬성했던 보수 정치인들조차 이런 식으로 일말의 정보 공유나 대화 없이 사드를 배치하는 것에는 반대한다. 사드를 대중국 압박 카드로 활용할 기회를 놓쳐 버리고, 중국이 우리에게 싸움을 걸 빌미만 제공한 꼴이 되었다. 이게 바로 불통의 폐단이다.

한일 위안부 합의는 그 어떤 문제보다도 소통과 협의가 필요했던 사안이다. 위안부 문제와 관련해서는, 갈등을 풀기 위해 협상이 반드시 필요했다. 다만 협상의 전제는, 피해 당사자인 위안부 할머니들의 동의다. 할머니들이 받아들일 수 있는 수준의 사과와 보상이 제시되어야 한다는 것은 협상의 기본 조건이다. 그래서 일본 정부와의 대화보다 위안부 할머니들과의 대화가 훨씬 중요하고, 선행되어야 했다.

나는 당시 국회 외교통일위원회 위원으로 정부가 위안부 문제에 관해 일본 정부와 협상을 진행한다는 소식을 듣고 "위안부 할머니 한 분 한 분에게 모두 동의를 받아야 진행할 수 있는 일"이라는 점을 강조했다. 당시 정부와 청와대 관계자들은 "그렇게 하겠다"고 답했다. 그러나 결과는 정반대였다. 할머니들이 전혀 동의하지 않은 상태에서 합의가 이뤄졌고, 정부는 그것을 외교적 성과로 포장하기만 했다.

　　막무가내로 이뤄진 협상은 한일 관계를 더 꼬이게 만들었다. 한국 정부는 피해 할머니와 국민의 반대에 직면한 상태다. 일본 정부는 '한국이 합의 사항을 뒤집어서는 안 된다'는 프레임으로 국제 사회에서 여론전을 펴고 있다. 당장 일본 외무성은 안토니우 구테흐스 유엔 사무총장이 아베 신조 일본 총리에게 한일 위안부 합의를 "환영하고 지지한다"고 말했다고 발표해서 논란이 일었다. 위안부 문제를 둘러싼 한국과 일본의 갈등은 합의 이후 오히려 악화하고 있는 모양새다.

　　최순실 사태를 초래한 원인도 불통에 있다. 박근혜 대통령의 폐쇄적 리더십은 이른바 '문고리 권력'이라고 불리는 보좌진 3인방과 비선 실세 최순실의 힘을 키우는 결과를 낳았다. 장관과 청와대 비서진조차 직접 만나 대화하고 보고하기 어려운 대통령을 유일하게 만나고 소통하는 사람들이 문고리 권력과 비선 실세이니, 장관도 수석도 대통령에게 의사를 전달할 목적으로 공식 루트가 아닌 비선에 줄을 대고 로

비를 했다. 그런데도 대통령은 2015년 신년 구상 기자 회견에서 배석한 장관과 수석 비서관들을 향해 "대면 보고, 그게 필요하다고 생각하세요?"라고 반문했다. 대면 보고와 소통의 필요성을 전혀 인식하지 못하는 모습이었다.

소위 측근이라는 몇몇 사람들과만 소통하는 정치는 민주주의의 권력 견제 원칙을 심각하게 훼손한다. 권력은 정책 집행 과정을 투명하게 공개하고, 야당과 국민의 견제와 감시를 받으라는 것이 민주주의 정치 제도의 취지이다.

민주주의의 기본 원칙만 제대로 지켰어도 최순실 사태와 대통령 탄핵은 일어나지 않았을 일이다.

무능하고 부패한 정치

지난해 말, 들불처럼 번졌던 촛불 집회에서 국민들이 외친 '박근혜 하야' 구호의 이면에는 최순실 사태만으로는 설명할 수 없는 총체적인 국정 난맥이 있었다. 광장에 모인 시민들 사이에는 계층, 지역, 이념, 세대의 구분이 없었다. 특정 정파의 이념을 대변하기 위해 모인 사람들이 아니었다. 중학생, 고등학생부터, 30~40대 직장인, 중장년층까지 모두 나와 외친 '박근혜 하야'라는 구호는 박근혜 정권의 무능을 규탄하는 목소리와 다름없었다.

박근혜 정부는 경제민주화를 주요 국정 과제로 내걸었다. 그 핵심은 재벌 개혁이었다. '대기업 집단 총수 일가의 불법 및 사익 편취 행위 근절'은 구체적인 공약으로 제시됐다. 그러나 최태원 SK그룹 회장을 사면하는 등 과거의 친재벌 정책에서 벗어나지 못했다는 평가를 받았다.

재벌 대기업들로부터 자금을 모아 미르재단, K스포츠 재단 등을 설립한 것은 경제민주화를 내걸고 재벌 개혁을 강조했던 정권의 도덕성을 크게 훼손시켰다. 가뜩이나 2004년 '차떼기 사건' 같이 대기업과 유착해 불법 정치 자금을 모금한 전력이 있는 보수 정치 세력이었다. 박근혜 정부의 행태는 정경유착과 부정부패라는 보수의 부정적 이미지를 강화하는 결과로 이어졌다.

가장 큰 문제는 경제 실정이다. 4차 산업 혁명이 본격화하는 시점에 출범한 박근혜 정권은 '창조경제'라는 구호를 내세웠지만, 실체는 모호했다. 오죽하면 '아무도 이해하지 못하는 것이 박근혜 대통령의 창조경제'라는 우스갯소리까지 나올 정도였다. 그마저도 최순실 비리 사건과 얽히면서, 창조경제는 철폐의 대상으로 전락해 버렸다.

2014년에는 이른바 '474 비전'을 제시하면서 잠재 성장률 4퍼센트와 고용률 70퍼센트를 달성해 1인당 국민 소득(GNI) 4만 달러 시대를 열겠다는 장밋빛 청사진을 제시했으나 성과는 없었다. '경제 혁신 3개년 계획'을 실시해 '내수와 수출의 균형', '공공 부문 개혁', '사회 안전망 확충'을 이루겠다는 목표도 구호에 지나지 않았다.

경제 성장률은 역대 정부 가운데 최악이다. 박근혜 정부(2013~2016)의 국내 총생산(GDP) 성장률은 평균 2.9퍼센트에 그쳤다. 노무현 정부(2003~2007)의 4.5퍼센트, 이명박 정부(2008~2012)의 3.2퍼센트를 크게 밑돈다.

국민의 삶에 직결되는 고용 지표도 좋지 못했다. 특히 청년 실업률은 2015년 9.2퍼센트, 2016년 9.8퍼센트로 사상 최고치를 경신했다. 노무현 정부, 이명박 정부의 청년 실업률이 7퍼센트대였던 것에 비하면 청년의 취업과 사회 진출 환경이 크게 나빠진 것이다. 10~20대가 우리나라를 '헬조선'이라고 부르면서 자조하는 이유다. 상황이 이런데도 정부는 1인당 국민 소득 4만 달러라는 비현실적인 전망만 내놨을 뿐, 국민이 체감할 만한 일자리 정책, 경기 회복 정책을 제시하지 못했다.

세월호 침몰 사고, 메르스 사태에서 드러난 컨트롤 타워 부재와 우왕좌왕 행정은 '보수는 유능하다'라는 그나마 남은 보수의 긍정적 이미지마저 추락시켰다. 보수 정치 세력은 국민의 생명을 보호한다는 정치의 기본적인 역할조차 수행하지 못하는 무책임하고 무능한 세력이 되고 말았다.

무너진 보수

지역주의, 세대 갈등을 조장하고, 안보 장사와 색깔론으로 이념 대결을 부추기는 정치. 인물 중심의 계파주의에 함몰돼 정책과 철학이 사라진 정치. 일방적인 정책 집행과 상명하복식 의사소통 구조의 불통 정부. 재벌과 유착돼 부정부패를 일삼는 부도덕한 정치. 특권 의식과 권위주의에 찌들어 국민 위에 군림하는 정치. 선거 때 내건 공약을 파기하고 국민 생명조차 지키지 못하는 무능한 세력.

우리 보수의 현 주소다. 보수는 그동안 관행 혹은 필요악이라는 미명하에 10대 적폐를 청산하기는커녕 당연시하면서 선거에서 득표하기 위한 정치 공학에만 몰두해 왔다.

그러나 시대가 변했다. 4차 산업 혁명 시대, 스마트 시대의 달라진 환경에서 보수는 설 자리를 잃고 있다. 정치 컨설턴트 박성민은 저서 《정치의 몰락》에서 보수 정치를 지탱하는 기둥 역할을 해온 7개의 세력인 지식인, 언론, 기독교, 문화 예술, 기업, 권력 기관, 정당이 무너지고 있다고 진단한다. 보수의 구태와 악습의 배경에 대한 분석인 셈이다. 무너진 7개의 기둥은 곧 보수가 버려야 할 기득권이자 보수가 넘어야 할 한계다.

첫 번째 기둥은 지식인이다. 과거 보수의 정치 담론을 설득력 있게 전개해 왔던 지식인들은 더 이상 각광받지 못한다. 2017년 6월 정치 사회 분야 베스트셀러 상위 10위 중 보수 정치와 관련한 책은 바른정당 유승민 의원의《나는 왜 정치를 하는가》가 유일하다. 문재인 대통령 당선으로 문재인 정부 관련 저서들이 인기를 얻고 있어서 그런 것만은 아니다. 박성민의 분석에 따르면 이명박 정부 시절인 2011년 11월 정치 사회 베스트셀러 순위 역시 반보수 성향의 책들이 상위권을 점령하고 있다. 당시 20위권 내에서 보수 정치를 논한 책은 전원책 변호사의《자유의 적들》뿐이었다. 지식으로 소비되는 정치 철학이 진보, 반보수에 집중되고, 보수 정치의 담론은 아예 만들어지지도 못하고 있다. 보수는 더 이상 지식인의 논쟁거리, 관심거리가 되지 못한다.

두 번째 기둥은 신문 등 기성 언론이다. 점점 감소하는 신문의 영향력은 보수 정치의 지지 기반을 흔들고 있다. 한국언론진흥재단이 발표한 '2016년도 언론 수용자 의식 조사'에 따르면, 가정에서 종이 신문을 구독한다고 답한 응답자는 전체 5128명 가운데 14.3퍼센트에 불과했다. 1996년 같은 조사의 69.3퍼센트에 비해 5분의 1로 줄어든 수치다. 열독률도 크게 떨어지고 있다. 지난 일주일간 종이 신문을 읽은 적이 있다고 답한 응답자는 20.9퍼센트로 1996년 85.2퍼센트의 4분의 1 수준이 됐다. 컴퓨터, 모바일, SNS를 통해 뉴스를 접하는 소비자에게 뉴스는 일반인도 만들고 유통할 수 있는 콘텐츠 중 하나에 불과하다. 조선일보, 중앙일보, 동아일보 등 보수 성향 주요 언론의 영향력은 모바일 환경에서 크게 줄어들고 있다. 신문 권력의 축소가 보수 담론의 퇴조로 이어질 수밖에 없는 이유다.

세 번째 기둥은 기독교다. 기독교는 대한민국 건국 시기부터 미국과 한국을 잇는 가교 역할을 하면서 한국 보수를 지탱해 왔다. 그러나 기독교 역시 기득권 세력의 일부로 인식되면서 과거의 사회적 영향력을 잃고 있다. 기독교 지도자들과 신자들이 더 이상 존경받는 롤모델이 되지 못하고 있는 것이다.

네 번째 기둥으로 꼽힌 문화계는 진보 성향 인사들의 장악력이 가장 커진 분야다. 과거 김동리, 서정주, 이문열과 같은 문학 거장들은 보수 지식인으로 존경받았다. 영화, 연극 분야에서도 적지 않은 보수 예술가들이 활동했다. 그러나 민주화 이후 386세대가 문화계의 주도권을 잡으면서 보수는 문화계에서 영향력을 보이지 못하고 있다.

박근혜 정부의 블랙리스트 파문으로 문화계에서 보수 성향 인사들의 활동은 더욱 위축됐다. 문화 분야 자체가 기본적으로 진보적이고 개혁적인 인사들이 많이 활동하는 분야인데, 작위적으로 편 가르기를 하면서 갈등만 키웠다. 예술의 이념은 정부나 정치인이 평가할 수 있는 것이 아니다. 작품을 소비하는 관객에게 맡기면 될 일이다. 문화계에서 이념을 뛰어넘는 탕평 인사를 했다면, 진보 성향의 예술인들도 보수 정권을 긍정적으로 평가할 수 있었을 것이다.

다섯 번째 기둥인 대기업은 경제 성장 담론을 주도해 온 보수 정치의 핵심적인 협력 대상이자 지지 기반으로 기능해 왔다. 고도 성장기에 대기업은 국위 선양에 앞장서는 국민의 자부심이자 존경의 대상이었다. 그러나 저성장기로 접어들면서 대기업의 고용 확대와 해외 진출에도 제동이 걸렸다. 대기업의 고용이 줄면서 대기업 입사의 기회는 소수가 누리는 특권이 되고 말았다. 동시에 대기업들의 하청 업체 착취 같은 구조적 문제들이 잇따라 제기되면서 대기업은 존경의 대상에서 비판의 대상으로 전락했다.

여섯 번째 기둥은 국가정보원, 검찰, 경찰, 군부와 같은 권력 기관이다. 보수 정치가 정국의 주도권을 장악하고 국민을 통제하는 데 활용해 온 권력 기관들은 더 이상 과거의 영향력을 행사할 수 없다. 민주화 이후의 국가정보원, 검찰, 경찰, 군 등은 정권 차원에서 이용해서는 안 되는 독립 기관이 됐다. 게다가 스폰서 검사 사건, 국정원의 정치 개입 사건 등으로 논란이 잇따르면서 권력 기관들은 권위를 잃은 조롱의 대상이 됐다.

마지막 일곱 번째 기둥이 정당이다. 달라진 정당의 위상은 보수 몰락의 도화선이 됐다. 과거 정당은 권력 기관 등을 거치며 리더십을 훈련받은 이들이 모이는 엘리트 집합소였다. 그러나 요즘 정당은 뛰어난 사람들이 기피하는 곳이 됐다. 더구나 젊은 층으로부터 외면당하고 있는 보수 정당은 능력 있는 리더를 모집하는 데 더 큰 어려움을 겪는다. 진보 정당에는 학생 운동으로 사회의식과 리더십을 키운 인물들이 몰리지만, 보수 정당은 그렇지 않다. 결국 인력난에 직면한 보수 정당은 과거의 인물들을 재활용하거나 의사, 변호사 같은 전문직 출신들을 수혈해 공천을 한다. 정치 철학도, 리더십도 부재한 인물들을 후보로 내놓는 정당은 국민의 외면을 받을 수밖에 없다.

사회의 달라진 정치 지형을 인식하지 못하고, 적폐를 안고 가는 보수 정치권은 무너질 수밖에 없다. 그러나 역설적으로 7개의 기둥이 무너짐으로써 진정한 보수가 태동할 토양이 갖춰졌다고 볼 수도 있다. 기득권에 안주하지 않고 변화하는 보수, 권력을 남용하지 않고 공정한 시스템 속에서 경쟁하는 보수, 국민의 마음을 얻기 위해 노력하는 보수가 되지 않으면 살아남을 수 없는 것이 지금 우리의 정치 현실이기 때문이다.

로널드 레이건 / 미국 전 대통령

전쟁과 평화 중에서 평화를 고르지 않을 사람은 없습니다. 하지만 평화를 얻을 수 있는, 그것도 곧바로 얻을 수 있는 분명한 방법은 단 하나, 항복뿐입니다. 모든 일에는 리스크가 따르기 마련이지만 지나온 역사는 유화 정책을 펼 때 더 큰 리스크가 따른다고 말하고 있습니다. 이것은 바로 '악의 없는' 진보주의자들이 직시하지 않는 사실입니다. 그들의 포용 정책은 사실 유화 정책이고, 유화 정책은 평화와 전쟁 중 하나를 택하는 것이 아니라 전쟁과 항복 중 하나를 택하는 정책입니다. 우리가 계속 포용 정책을 고수한다면, 계속 물러서고 후퇴한다면, 언젠가는 마지막 요구, 최후통첩에 닿게 될 것입니다.

벤저민 디즈레일리 / 영국 전 총리

사람들은 보수 정당이 정책의 계획을 갖고 있지 않다고 지적합니다. 만일 그 계획이라는 것이, 교회의 자산을 빼앗고 지주들을 약탈하는 것이라면, 우리는 계획이 없습니다. 만일 그 계획이라는 것이, 모든 기관과 이익 집단, 모든 계층과 직종을 공격하고 위협하는 것이라면, 우리는 계획이 없습니다. 그러나 그 계획이라는 것이 국가의 중요한 이익과 관련되는 것이라면, 우리는 충분한 계획을 가지고 있습니다. 어디에서든, 언제나, 저는 우리의 계획을 주장하고 입증할 수 있는 준비가 되어 있습니다.

3장

불행한 대통령의 나라

87년 체제

　1987년 6월 23일. 나는 안기부에 붙잡혔다. 햇빛 한 조각 들어오지 않는 남산 지하 골방으로 끌려가, 시간이 어떻게 지나가는지도 모르게 밤낮없이 고문을 당하며 조사를 받았다. 어느 날인가, 매캐한 최루탄 가스가 새어 들어오는 것을 느꼈다. 밖에서 무슨 일이 벌어졌는지는 알 수 없었다. 며칠 뒤 수사관이 들어와 뒤통수를 때리며 말했다.

　"너는 인마, 운이 좋아."

　이튿날 머리를 짧게 깎은 남자 둘이 007가방을 들고 들어왔다. 다짜고짜 나를 일으켜 세우더니 옷을 다 벗기고 야전 침대 위에 엎드리라고 했다. 이번에는 대체 또 무슨 고문을 하려는 걸까 하는 생각이 들어 공포감에 사로잡혀 있는데, 뭔가 물컹물컹하고 차가운 것이 등에 턱 하니 올라왔다. 돼지비계였다. 나중에 들으니 온몸을 시퍼렇게 덮고 있던 멍을 빨아내기 위해 돼지비계로 마사지를 한 것이었다. 나는 그렇게 멍 자국을 지우고 서대문 구치소로 넘겨졌다.

　수사관이 '운'이라고 표현했던 일, 내 인생을 송두리째 바꿔 놓은 그 일이 바로 6월 민주 혁명과 민주화 선언이다. 대학 시절 민주화 운동에 투신해 수감됐던 나에게 그만한 성취는 없었다. 인권과 자유가 보장되는 나라, 국민이 권력을 위임하고 견제할 수 있는 나라가 마침내 이뤄졌다고 믿었다.

내가 정치에 입문하게 된 인연도 민주화 선언이 아니었다면 만날 수 없었을 것이다. 민주화 선언으로 나는 안기부 지하 골방에서 풀려나 구치소로 갈 수 있었고 변호사를 만나 재판을 받을 수 있었다. 그때 민주화추진협의회(약칭 민추협)에서 무료 변호인단이 구성되었고, 나를 변호해 준 분이 김대중 전 대통령의 비서실장 출신으로 헌법재판관을 지낸 조승형 변호사다. 그분 덕분에 정치권에 입문할 수 있었다. 온몸을 던져서 쟁취해 낸 87년 체제, 대통령 직선제하의 민주주의 국가에서 나는 정치인이 되었다.

1987년 당시의 최대 목표는 군사 독재 정권의 지속을 막는 것이었다. 선거 결과를 조작하고, 당선 이후에 헌법을 바꿔 장기 집권을 시도하는 권력을 수차례 목격한 국민들은 장기 집권을 막을 수 있는 체제를 원했다. 정책의 연속성이나 집권 세력의 책임 의식 등을 고려할 수 있는 환경이 아니었다. 그래서 등장한 것이 대통령 직선제와 5년 단임제다.

그렇게 민주화는 달성했지만 성숙한 민주주의를 구현하지는 못했다. 5년이라는 짧은 기간 동안 국민의 기억에 남을 성과를 만들어 내는 데 급급하다 보니, 뒷일을 생각하지 않는 무책임 정치가 만연했다. 일단 권력을 잡고 보자는 식의 포퓰리즘 정책들이 쏟아졌다.

한편으론, 새로운 정권이 출범할 때마다 전임 정권이 부정당하고 전임 정권의 비리 수사가 시작됐다. 임기 후반이 되면 모든 대통령이 레임덕에 빠졌고, 여야는 다음 대통령 후보를 찾는 데 집중했다. 유력 대통령 후보의 영향력이 집권 후반기의 현직 대통령보다 커지는 기현상마저 나타났다.

정치학자 박명림 연세대 교수는 현행 헌정 체제의 폐해 중 하나로 효율성과 책임 정치의 실종을 꼽는다. 박 교수는 "재임 중 업적과 차기 정권 창출이라는 서로 다른 목표를 갖는 현재 권력과 미래 권력 사이의 정책적, 정치적 긴장은 정당 정치의 결집력, 연속성, 능력을 크게 약화시킨다"고 지적한다.

대통령에게 집중되어 있는 권력 구조는 제왕적 대통령을 낳았다. 헌법은 입법, 사법, 행정의 삼권 분립을 규정하고 있지만, 실제로는 대통령이 입법, 사법에까지 영향력을 행사하는 것이 당연시되었다. 대통령의 말 한마디면 정책이 바뀌는 구조하에서, 대통령과 직접 소통할 수 있는 사람들은 부당한 권력을 휘두르기 시작한다. 이것이 바로 측근 비리, 비선 실세 비리다.

결국 87년 체제 출범 이후 30년간 5명의 대통령이 모두 불행한 대통령으로 기록됐다. 정권이 바뀔 때마다 대통령의 가족이나 측근의 비리가 드러나 파문이 일었다. 김영삼 전 대통령 때는 아들 김현철 씨가, 김대중 전 대통령 때는 세 아들이, 노무현 전 대통령 때는 형 노건평 씨가, 이명박 전 대통령 때는 형 이상득 전 의원이 구속됐다. 형제도 가족도 멀리한다던 박근혜 전 대통령은 40년 지기라는 측근 최순실 씨가 연루된 비리로 대통령직을 잃고 본인도 구속되는 처지가 되고 말았다.

30년 전, 87년 체제를 위해 투쟁했던 대학생 정병국은 지금 5선의 국회의원이 되어 있다. 그리고 87년 체제가 수명이 다했음을 주장하고 있다. 내가 쟁취해서 만들어 낸 체제를 내가 바꿔야 한다고 주장하고 있는 현실은 아이러니다. 그러나 30년 전 군부 독재하의 한국 사회와 세 번의 평화적 정권 교체를 이뤄 낸 21세기의 한국 사회는 분명히 다르다. 두 번의 정권 교체를 민주주의 공고화의 지표로 제시했던 미국의 정치학자 새뮤얼 헌팅턴에 따르면, 한국의 민주주의는 이미 단단해졌다. 이제는 공고화를 넘어 심화의 단계로 진입해야 할 때다. 민주주의의 기본 원칙, 권력의 분산과 견제, 시민권의 회복이 우리의 남은 과제다.

대통령을 파면한다

"피청구인 대통령 박근혜를 파면한다."

2017년 3월 10일 헌법재판소는 박근혜 전 대통령에 대한 탄핵 심판 결정문을 발표했다. 결정문에 등장한 '파면한다'는 표현은 아직도 많은 국민들의 뇌리에 남아 있다. 대통령은 타고난 사회적 지위가 아니라, 국민이 부여한 직책이라는 점, 그렇기 때문에 언제든 파면당할 수 있다는 점을 다시금 깨닫는 순간이었다. 대통령은 선출된 공무원이다. 국민은 대통령을 선출해 임명할 수 있을 뿐 아니라, 파면할 수도 있는 것이다.

대통령의 취임 선서에도 이러한 취지가 드러나 있다.

"나는 헌법을 준수하고 국가를 보위하며 조국의 평화적 통일과 국민의 자유와 복리의 증진 및 민족 문화의 창달에 노력하여 대통령으로서의 직책을 성실히 수행할 것을 국민 앞에 엄숙히 선서합니다."

대통령은 직책이지, 자격이나 특권이 아니다. 그런데 우리 사회는 오랫동안 대통령을 하늘이 내린 나라님 격으로 생각해 왔다. 군부 독재 시절 장기 집권의 기억이 대통령의 무제한적인 권력을 실감하게 만든 탓도 있을 것이다. 그러나 민주화 이후에도 선출된 대통령에 경외심을 갖는 분위기는 지속돼 왔다.

가장 큰 문제는 대통령에게 권력이 집중되는 제도에 있다. 대통령의 의사가 국정 운영 전반을 좌우하는 현행 제도하에서 우리는 대통령의 영향력을 매일같이 실감하고 있다. 대통령의 발언 한마디가 정책을 바꾸고, 제도를 바꾸는 일이 지금도 일어나고 있다.

당장 청와대의 조직 구조부터가 문제다. 우리나라에는 대통령을 보좌하는 직급이 두 개가 있다. 하나는 청와대

비서관이고, 하나는 행정부의 장관이다. 우리나라의 최고 정책 심의 기관이 국무회의라는 점을 고려하면, 비서관 업무는 장관들로도 족하다. 국무회의는 대통령을 의장으로 하고, 국무총리와 각 부 장관을 위원으로 하고 있기 때문이다. 장관들은 대통령과 함께 정책을 최종 결정하는 보좌역인 셈이다. 대통령제하의 장관을 영어로 비서관에 해당하는 세크리터리 secretary로 표현하는 이유다.

그런데 우리나라에서는 장관의 영문명을 의원 내각제하의 독립적인 장관을 지칭하는 미니스터minister로 표기하고, 청와대에 별도의 세크리터리, 즉 비서관을 두고 있다. 각 부처의 장관들이 대통령과 직접적으로 정책을 논하지 못하고, 대통령을 둘러싸고 있는 비서실을 통해 의견을 전달해야 하는 구조다. 대통령 비서실이 대통령으로 가는 출입문 역할을 하게 되는 것이다. 비서실이 칸막이가 되고 실세가 되는 경우가 발생하는 이유다.

그런 점에서 청와대를 개방하고 광화문 정부 청사로 집무실을 옮기겠다는 문재인 대통령의 구상은 환영할 만하다. 방대한 청와대 조직 속 불투명해지는 의사 결정 시스템을 개혁할 수 있는 방법 중 하나다. 이와 더불어 대통령 비서실을 폐지하는 방안을 제안하고 싶다. 대통령이 부처 장관들과 직접 협의하고 소통하면서 정책을 집행한다면, 현장의 목소리를 더 빠르고 정확하게 접할 수 있을 것이다.

근본적인 처방은 개헌을 통한 권력 구조 개편이다. 앞서 언급했듯 민주화 이후 5명의 대통령이 모두 불행한 말로를 걸었다. 그렇다면 이것은 사람의 문제가 아니다. 제도의 문제다.

제7공화국의 시작

10년이면 강산이 변한다고들 한다. 그렇게 따져 보면 87년 체제는 강산이 세 번이나 바뀔 동안 그대로였던 셈이 된다. 실제로 우리는 지난 30년간 상전벽해의 엄청난 변화를 겪어 왔다. 민주화와 경제 성장, IMF 외환 위기, 세계화와 인터넷 혁명을 거친 대한민국은 4차 산업 혁명 시대의 후발 주자로 밀려나고 있는 형국이다. 당장 1년 뒤를 예측할 수 없는 사회 구조 대변혁의 시기에, 양극화와 저출산 고령화 문제를 안고 있는 현재의 한국을 더 이상 1987년도의 헌법에 묶어 둘 수 없는 것이다.

우선, 사회 변화에 능동적으로 대응할 수 있는 유연한 권력 구조를 구축할 필요가 있다. 이를 위해 나는 의원 내각제를 제안한다. 다원화하고 있는 세계, 4차 산업 혁명의 급격한 변화를 고려하면 지속적으로 국정 운영을 평가받고 반영할 수 있는 의원 내각제가 적합하다. 일반적으로 의원 내각제 국가에서는 2개 이상의 당이 연대해 다수 세력을 구성하고 총리를 추천해 국가 지도자로 임명한다. 여당과 대통령 주도로 운영되는 대통령제에 비해, 다양한 의견이 균형 있게 반영될 가능성이 높아진다.

국회의 신임을 바탕으로 운영되는 의원 내각제하에서는, 국회가 내각 불신임 결의를 통해 국정 지지도가 떨어진 지도자와 내각을 물러나게 할 수 있다. 대통령제의 탄핵 소추와 비교하면, 지도자 교체가 사회에 미치는 충격파가 작다. 국민의 지지와 의견을 국회의 불신임을 통해 즉각 반영할 수 있기 때문에 지도자의 독단적 의사 결정을 효과적으로 견제할 수 있다는 장점도 있다.

긍정적 평가를 받는 지도자는 대통령 이상으로 강력한 권력을 확보하고 장기 집권하면서 안정적 국정 운영을 이어 갈 수 있다. 중장기적 구상을 바탕으로 정책을 추진할 수 있어 책임 정치가 가능하다. 독일의 앙겔라 메르켈 총리, 일본의 아베 신조 총리 등이 대표적인 예다. 5년 단임 대통령제하에서 만연한 무책임한 정책, 인기 영합적 정책을 배격할 수 있는 시스템인 셈이다.

일각에서 제안하는 분권형 대통령제는 분단국가인 우리나라에는 맞지 않는다. 국방, 안보, 통일, 외교를 대통령이 다루고, 나머지를 국무총리가 맡는다는 이 구상은 외치와 내치를 구분할 수 있다는 전제하에서 가능하다. 그러나 분단국가의 현실에서 우리나라의 거의 모든 정책과 이슈는 통일, 안보와 직결된다. 모호한 기준으로 내치, 외치를 분리할 경우엔 오히려 혼란을 야기하고, 국가 안보를 위협하는 결과로 이어질 수 있다.

권력의 분산과 견제, 협치를 전제로 하는 의원 내각제의 효율적 운영을 위해서는 다당제가 안착되어야 한다. 그러려면 먼저 선거구제가 바뀌어야 한다. 나는 한 선거구에서 2인 이상을 선출하는 중대선거구제와 권역별 비례대표제를 제안한다. 한 선거구에서 최다 득표자 1인만 선출하는 현행 소선거구제는 양당제를 고착화하면서 극단적인 대립의 정치를 낳고 있다. 유권자의 절대 다수가 행사한 표들이 사표가 되어 버려지고, 다양한 국민적 요구들은 정치권에 전혀 수용되지 않는 구조다. 특정 정당의 과반 점유를 막을 수 있는 중대선거구제와 권역별 비례대표제 도입으로 다원화 시대에 맞는 협치의 정치를 이루어 나가야 한다.

둘째로, 대통령과 중앙 정부 중심의 수직적 권력 구조를 수평적 권력 구조로 개혁하는 방안을 제안한다. 이를 위해서는 중앙 정부의 권한을 지방으로 이양하는 일이 선행되어야 한다. 지방 정부의 예산 편성 자율권을 보장해 지방 정부의 주체성을 높여야 한다. 중앙 정부가 지방에 교부금을 지원하더라도 편성 내역까지 개입하는 일은 없도록 제도적으로 보완해야 한다. 그래야 지역의 특성에 맞는 예산 편성, 특화 사업이 가능하다. 특히, 교육이나 치안 등 자치가 가능한 부분은 중앙 정부가 통제하지 않는 방향으로 개선돼야 한다.

이 과정에서 청와대와 국회의 세종특별자치시 이전을 위한 헌법 개정도 논의할 수 있을 것이다. 나는 세종시로의 행정 수도 이전에 반대했지만, 행정 기관은 세종시에 있고 국회와 청와대는 서울에 있는 현 상황을 고려할 필요가 있다. 이대로는 세종시 공무원의 출장이 잦아질 수밖에 없다. 시간과 돈의 낭비를 줄이고, 국정의 효율성을 높이는 차원에서는 수도 이전 문제를 논의할 필요가 있다.

동시에 국민의 정치 참여를 보장하는 제도가 마련돼야 한다. 기술의 발달로 대의 민주주의는 직접 민주주의에 가까운 형태로 진화해 나가고 있다. 모바일 통신 등을 활용해 국민의 견해와 아이디어가 국정에 반영될 수 있도록 해야 한다. 중앙 정치에 대한 국민소환제, 국민발안제의 도입도 적극 검토해야 한다.

셋째로, '국민'으로 제한돼 있는 기본권 적용의 범위를 '사람'으로 확대해야 한다. 지구촌이라는 말조차 무색해진 글로벌 시대에 '국민'을 대상으로 삼은 헌법은 유효하지 않다. 한국은 단일 민족이라는 자부심이 강하고, 다문화에 대한 포용력이 떨어지는 나라다. 그러한 문화가 글로벌 시대의 경제, 사회, 문화 발전을 저해하고 있는 상황임을 감안하면, 외국인을 포함한 모든 사람에 대해 기본권을 보장하는 헌법적 조치의 의미는 크다. 특히 저출산 고령화가 진행되면서 외국인 노동력을 지속적으로 유입해야 하는 한국으로선, 폐쇄적인 민족의 범위를 초월한 인간의 기본권을 고려할 필요가 있다. 장기적으로는 외국인의 참정권, 복지 문제까지도 논의의 테이블에 올려야 한다고 본다.

87년 체제의 제6공화국이 독재 세력의 장기 집권을 막고 직선제를 도입하는 형식적 민주주의를 이루는 데 기여했다면, 제7공화국 체제는 우리 사회의 구성원들이 주도하는 수평적 사회를 구축해야 한다.

무엇보다 중요한 것은 국민의 참여다. 개헌은 국민이 쟁취해야 한다. 국민이 개헌에 참여할 수 있도록 논의의 장을 제공하는 것이 정치의 역할이다. 대통령이 적극적으로 개헌 의지를 보이면 자연스럽게 개헌 문제가 공론화되고 다양한 개헌안이 제안되면서 의견을 수렴하는 과정이 진행될 수 있다.

지금까지 역대 대통령들은 선거 때만 되면 개헌을 공언하고는 당선 뒤 소극적인 모습을 보여 왔다. 그러다 정권 후반 대통령의 영향력이 퇴조할 때 다시 개헌을 이야기하고, 집권을 노리는 유력 대선 주자들이 반대를 하는 양상이 반복됐다. 노무현, 이명박 전 대통령에 이어 박근혜 전 대통령도 마찬가지였다. 특히 박 전 대통령의 개헌 제안은 최순실 사태와 겹치면서, 정권의 위기를 돌파하기 위한 정치 공학적 제안으로 폄하되고 말았다.

그런 점에서 문재인 대통령의 개헌 의지가 중요하다.

문 대통령이 내년 지방 선거 이전에 개헌을 추진하겠다고 밝힌 것은 향후 개헌의 공론화와 국민 참여에 강력한 동력으로 작용할 것이다.

문재인 정부의 성공을 위해서도 개헌은 반드시 추진되어야 한다. 정권이 바뀔 때마다 거듭된 보복의 정치를 막을 수 있는 유일한 방법이 개헌이다. 개헌은 평화로운 지도자 교체, 권력의 이양을 이뤄 낼 수 있는 역사적 업적이 될 것이다. 문재인 대통령이 임기 내 개헌에 성공한다면 체제를 전환하고, 보수와 진보라는 가치 중심의 정치를 실현한 대통령으로 역사에 남을 수 있을 것이다.

에드먼드 버크 / 영국 보수주의 정치 사상가

처음에는 해로운 것이 나중 작용에서는 탁월할 수도 있다. 그 탁월성이 처음에 산출된 나쁜 결과에서 생길 수도 있다. 그 반대 또한 발생해 아주 그럴듯한 계획이 매우 만족스럽게 시작되었다가도 종종 낭패스럽고 유감스런 결말에 이른다. 따라서 여러 시대를 거쳐서 사회의 공통된 목적에 상당히 부응해 온 건축물을 감히 쓰러뜨리려고 시도하는 경우나, 증명된 유용성을 간직한 모델과 모형을 바로 눈앞에 두고 있지도 않으면서 그것을 재건축하려고 시도하는 경우에는 무한한 조심성이 요구된다.

김영삼 / 대한민국 제14대 대통령

우리에게 최우선적으로 요구되는 초미의 과제는 정국의 안정이라고 생각했습니다. 정치가 안정되어야 경제, 사회가 제자리를 찾을 수 있을 것이며, 개혁과 혁신도 가능한 것이라고 판단했습니다. 그러기 위해서는 무엇보다도 우리 사회의 다수를 이루면서도 제각기 흩어져 힘을 분산시키고 있는 온건, 중도 민주 세력의 대결집이 시급하다고 생각했습니다. 분열의 정치, 국민에게 희망을 주지 못하는 정치야말로 하루속히 벗어나야 할 정치 행태요, 변화되어야 할 정치 구조입니다.

4장

안보장사 하는 보수

우리만 모르는 위기

　19대 대선을 한 달여 앞둔 지난 4월 2일, 미국 3대 지상파 방송 NBC 뉴스의 간판 앵커 레스터 홀트가 한국을 방문했다. 홀트는 개성공단으로 연결되는 자유로에서 저녁 메인 뉴스인 〈나이틀리 뉴스〉를 진행하면서 "북한의 장거리 미사일 발사가 예고된 가운데 박근혜 전 대통령이 구속되면서 한반도의 긴장이 고조되고 있다"고 말했다. 이튿날인 3일에는 경기도 오산 미 공군 기지의 A-10 폭격기 앞에서 "이곳은 비무장지대DMZ에서 전투기로 단 몇 분 거리"라며 뉴스를 진행했다. NBC는 "미국 정부가 북핵 위협을 막기 위해 군사 공격까지 고려하고 있다"는 내용을 이어서 보도했다.

　한반도는 도널드 트럼프 미국 정부의 대북 선제 타격설이 흘러나오면서 긴장 속으로 빠져들고 있었다. 앞선 3월 17일 방한한 렉스 틸러슨 미국 국무장관은 북한에 대한 "전략적 인내 정책은 끝났다"고 말하며 강경 대응 방침을 밝힌 터였다.

　미국 주요 방송사의 유명 앵커가 한국을 직접 찾아와 방송을 진행할 만큼, 미국 언론의 눈에 한반도는 일촉즉발의 현장이었다. 미국은 물론 일본 언론도 한반도의 전쟁 가능성을 거론하며 한국에 거주하고 있는 일본인의 대응 요령까지 보도하고 나섰다. 언론 보도에 불안감을 느낀 일본인들이 한국 방문 계획을 철회하는 일도 잇따랐다. 한국으로 수

학여행을 오려던 일본 학교들이 행선지를 변경하거나 여행을 취소할 정도로 일본 사회에서는 북핵 문제를 둘러싼 위기감이 확산되고 있었다.

그러나 정작 북핵 위협의 당사자인 한국은 이상할 정도로 조용했다. 예상치 못한 대통령 탄핵 사태를 겪고 대선을 앞두고 있었음에도, 북핵 문제와 미국의 선제 타격 가능성은 이슈로 부각되지 않았다. 유력 대선 주자가 몰려 있었던 더불어민주당의 경선 과정에서도 북핵 문제는 주요 논의 대상이 아니었다. 북핵 문제를 논의하는 것 자체를 피하는 듯한 분위기마저 있었다.

박근혜 전 대통령 탄핵을 한 달가량 앞둔 시점에서 발생한 김정남 피살 사건에도 우리 국민은 덤덤했다. 김정남은 북한 김정일 국방위원장의 장남으로, 김정은 북한 노동당 위원장의 이복형이다. 북한 정권을 흔들 수 있는 잠재적 경쟁자가 말레이시아 국제공항 한복판에서 피살당하는 사건이 벌어졌는데도 북한의 정세 불안, 한반도 위기에 대한 논의는 거의 없었다. 북한의 정치적 불안이 심각해질수록, 정권 안정을 위해 북핵 카드를 들고 나올 가능성은 더 높아진다는 점에서 대응책을 마련해야 할 사건이었다. 그런데 정치권 안팎에서는 보수 진영이 김정남 피살을 이용해 '신북풍 정국'을 조성하려 한다는 비판만 제기됐다.

우리 국민에게 북핵 문제는 막연한 두려움을 불러일

으키고 있을 뿐, 국민 개인의 안전이나 피해에 대한 구체적인 인식으로는 연결되지 않고 있다. 지난해 9월 북한의 5차 핵 실험 이후 여론은 정부 비판에 집중됐다. 동아일보가 2016년 10월 9일과 10일 포털 사이트의 북핵 관련 기사에 게재된 댓글 4만여 개를 수집해 분석한 결과, 북핵과 관련된 키워드의 41.2퍼센트는 '정부에 대한 비판'과 관련된 것들이었다. 안보 등 대응 방안에 대해 논한 댓글은 거의 없었다. 같은 해 경주 지진 이후의 댓글 조사에서 '피해'와 '안전'이라는 단어가 등 장한 것과는 대조적이라는 분석이 나왔다. 기사에는 '지진보 다 못한 북핵 위협 인식'이라는 제목이 붙었다.

수차례 반복돼 온 핵 실험은 어느새 일상이 됐고, 정 치권의 공방은 보수와 진보의 이념 대결에 그치고 있다. 정치 권은 북한의 핵 도발을 규탄한다는 말만 반복할 뿐 안보 정책 수립이나 군사적 대응책을 내놓지는 못했다.

국민이 북핵 문제의 '피해'와 국민의 '안전'을 논할 수 없는 환경을 만든 것은 정치권의 책임이다. 청와대 외교안보 수석을 지낸 천영우 한반도미래포럼 이사장은 "안보 불감증 이 전설적인 수준"이라며 "몇만 명의 생명이 위험에 빠질 것 이 뻔히 보이는데도 괜찮다고 하는 수준"이라고 지적한다.

60년 넘게 이어지고 있는 휴전 상황은 "설마 전쟁이 나겠느냐"는 낙관론으로 발전했다. 선거를 앞둔 정치권은 안 보 이슈를 기피한다. 안보 문제를 거론했다가는 "근거 없는 불안감을 조성한다"는 비판을 받을 뿐이다. 철 지난 이념 갈등을 부추기는 '색깔론'으로 공격받는다.

　이번 대선에서도 안보 이슈는 색깔론으로 치부되고 말았다. 문재인 더불어민주당 후보의 북한 인권결의안 진실 공방이 대표적이다. 송민순 전 외교부장관은 회고록에서 2007년 노무현 정부가 유엔 총회의 북한인권결의안 표결에 기권하면서 북한의 의중을 물었고, 여기에 문 후보가 관여했다는 주장을 폈다. 이러한 주장이 처음 제기됐을 때 문 후보는 "기억이 안 난다"며 얼버무렸다. 대선 후보 토론회에서는 북한 인권결의안과 관련해 질문하는 경쟁 후보들에게 '색깔론'이라며 맞받아쳤다. 그러나 인류의 보편적 가치인 인권을 유린하고 자유 민주주의 질서를 위협하고 있는 북한을 규탄하는 표결을 앞두고 북한의 의견을 물어봤다는 주장이 나온 것은 반드시 확인해야 하는 문제였다.

　북한이 주적인지를 묻는 질문에도 문 후보는 "실망스런 색깔론"이라고 선을 그었다. 명확한 입장을 밝히는 대신 안보 관련 질문 자체를 색깔론 프레임에 넣어 회피하고 외면했다.

　색깔 공세로 전락한 안보 이슈는 더 이상 정치권의 관심을 받지 못한다. 올해 3월 대전 국립현충원에서 열린 제2회 서해 수호의 날 기념식에는 자유한국당과 바른정당, 정의당 지도부만 참석했다. 유력 후보들이 포진해 있었던 더불어민주당, 국민의당의 지도부와 대선 주자들은 불참했다. 서해 수호의 날은 연평해전, 천안함 폭침, 연평도 포격 도발 등 북한의 서해 도발 희생자들을 기리고 안보 결의를 다지기 위한 목적으로 지난해 제정된 기념일이다.

더불어민주당과 국민의당 관계자들은 호남 경선 준비로 어쩔 수 없이 불참했다고 설명했다. 그러나 대통령 탄핵 사태의 혼란 속에 북핵 위협이 고조되는 상황에서 치러진 대선이라는 점을 감안한다면, 서해 수호의 날 기념식은 단순한 행사 이상의 의미를 지니고 있었다. 지난해 행사에는 자유한국당과 바른정당의 전신인 새누리당 지도부가 공천 파동을 이유로 불참했다. 한마디로 여야를 막론하고 우리 정치권에게 북한의 도발을 규탄하고 희생자를 기리는 추모 기념식은 선거 일정, 득표전보다 중요한 일정이 아니었던 것이다.

안보 정책은 왜 필요한가. 너무도 당연해서 아무도 하지 않고 있는 이 질문을, 나는 다시 스스로에게 묻고 있다. 색깔론의 프레임에서 벗어나, 실제적 차원에서 엄중한 안보의 필요성만 고민해 보자는 것이다.

안보는 국민의 생명과 재산을 보호하기 위해, 안전한 삶을 위해, 자유 민주주의와 시장 경제의 사회 시스템을 보호하기 위해 반드시 필요하다. 다시 말하면, 안보 정책의 핵심 목표는 한반도에서 전쟁을 억지하고 우리 국민의 생명과 국가 체제를 수호하는 일이다. 국가의 당연한 의무이고, 국가의 존재 이유다. 그래서 우리는 북한의 도발 가능성, 정치 상황을 면밀히 주시하면서 군의 대비 역량을 강화해야 한다. 동시에 북한 주민의 인권을 보호하기 위한 국제 사회의 노력에 적극 참여해야 한다. 진보 세력을 공격하고 친북 프레임을 씌우기 위해서가 아니라, 우리의 생존을 위해 안보를 논해야 하는 것이다. 안보는 공허한 이념 논쟁거리가 아니다. 안보는 민생이다.

보수의 안보 정책은 실패했다

한비자가 저술한 《한비자》의 제15편 '망징亡徵'은 나라가 망하는 징조 47가지를 서술한다. 그 가운데 하나가 "이웃의 적을 가벼이 여기는 것"이다. 한비자는 또 "국경에 튼튼한 요새를 쌓지 않고 성곽은 허술하며, 군비는 축적되어 있지 않고, 물자는 부족하며, 방위 태세도 갖추어지지 않았는데 가볍게 적을 공격하면 그 나라는 망한다"고 했다. 전자는 안보 불감증이요, 후자는 안보 무능을 지적하는 말이다.

2300년 전의 격언을 꺼내 든 것은, 나라를 망하게 하는 안보 불감증과 안보 무능이 바로 지금 우리 보수의 현실이기 때문이다. 보수는 오랜 기간 안보 위기를 부풀려 유권자의 불안감을 유발하고, 표를 얻는 전략을 취해 왔다. 그러면서도 북한 핵 실험이 6차를 향해 가는 이 시점까지 북핵을 막을 아무런 실효적 조치를 취하지 못하는 무능한 행태를 보였다. 안보를 그렇게 부르짖으면서도 정교한 안보 정책을 제시하지 못했다.

박근혜 정부는 북한의 4차 핵 실험 직후인 2016년 2월 전격적인 개성공단 폐쇄 조치를 내렸다. 북한의 핵 보유 움직임이 본격화하자 박근혜 정부는 남북 관계의 유일한 보루였던 개성공단을 폐쇄하는 초강수를 둔 것이다. 해결의 실마리가 보이지 않는 남북 관계에서 어쩔 수 없이 꺼내 든 카드라는 점은 십분 이해한다. 그러나 이러한 초강수를 꺼낼 때는 효과를 극대화할 수 있는 정교함이 필요하다. 구체적인 시나리오 없이 극단적인 조치를 취해 버리면 남북 관계는 돌이킬 수 없는 파국으로 치닫고 만다.

우선, 개성공단을 폐쇄하는 것으로 북한의 핵 개발을 저지할 수 있느냐 하는 근본적인 질문을 했어야 한다고 본다. 만일 개성공단이 북핵 개발과 직결되는 문제였다면 진작에 폐쇄했어야 한다. 4차 핵 실험 뒤에 전격적으로 폐쇄할 일은 아니었다는 얘기다.

또한 지금껏 유엔과 공조해서 단행했던 제재들이 효과를 거두었느냐 하는 점을 분석해 볼 필요가 있다. 북한이 반응을 보이지 않는데도 무작정 제재만 거듭하는 것은 의미가 없다. 이명박, 박근혜 정권을 거치면서 계속됐던 압박 카드가 효과를 내지 못했다는 점을 인정하지 않고서는, 향후 제대로 된 대응책을 마련할 수가 없다.

북한이 5차 핵 실험을 단행하고, 6차 핵 실험 조짐까지 보이고 있는 현재 상황만으로도, 박근혜 정부의 개성공단 폐쇄 조치에 대한 성과는 의심의 여지가 있다. 북한이 변화 조짐을 보이지 않는 가운데, 국내에서는 대북 정책을 둘러싼 이념 갈등만 커졌다.

하루아침에 일터를 잃은 개성공단 입주 기업들은 현지의 시설물 확인조차 못한 채로 1년을 보냈다. 남과 북의 마지막 연결 고리마저 끊긴 상황에서 박근혜 정부의 '통일 대박' 구상은 공허한 외침으로만 남고 말았다.

보수의 대북 정책은 흑백 논리와 강경 비판, 실천 없는 구호에 그쳤다. 박근혜 정부는 '한반도 신뢰 프로세스'를 내걸었지만, 정작 북한과의 신뢰를 쌓을 수 있는 방법은 제시하지 못했다. 신뢰를 쌓으려면 원칙만 내놓을 것이 아니라 북한이라는 대화 상대에 어떻게 접근할 것인가 하는 구체적인 정책, 전략을 세워야 한다. 우리의 원칙만 선언해 놓고 핵을 포기하라, 개방하라고 외치는 것으로는 북한의 변화를 이끌어 낼수 없다. 변화의 조건을 만들어 주고 대화의 방법을 찾는 것이 우선이다. 더불어 우리가 기대하는 결과가 나오지 않았을 경우에 대비하는 제2, 제3의 대응책도 마련되어야 마땅하다.

북핵 문제 해결에 필수적인 국제 사회의 공조도 우려를 낳고 있다. 사드 배치 과정에서 불거진 국론 분열과 갈등은 한미 공조의 암초가 될 가능성이 높다. 당장 문제인 정부에서 사드 반입과 관련한 진상 조사를 벌였다. 일방적 도입에 대한 국내 여론도 부정적이다. 사드 도입의 필요성을 가장 먼저 주장한 나조차도 박근혜 정부의 기습적인 사드 도입 결정과 반입 과정은 점검할 필요가 있다고 본다. 사드 도입의 필요성을 공론화하는 절차를 거쳤더라면 지금과 같은 마찰은 없었을 것이다.

기습적 사드 도입은 북한을 압박할 수 있는 유일한 국가인 중국과의 갈등도 초래했다. 사드 반입을 결정하기 이전에 중국 측에 북핵 문제의 심각성과 사드 배치의 당위성을 설명하고 설득하는 노력이 더 필요했다. 한국 제품 불매 운동이나 유통 기업 영업 정지 같은 무역 보복에도 우리 정부는 이렇다 할 조치를 취하지 못했다. 가장 큰 문제는 우리 정부가 중국을 활용해 북한을 압박할 수 있는 카드를 잃어버렸다는 점이다.

북한의 도발에는 강경하게 맞설 필요가 있다. 그러나 상대가 반응을 보이지 않고, 정책의 효과가 없는데도 계속해서 강경 일변도로 나가는 것은 국내 정치용, 지지층 결집용이라는 비판을 불러올 수밖에 없다. 북한은 계속해서 핵 실험을 하고, 우리는 개성공단 폐쇄 같은 강수를 두는 일이 반복된다면 결과는 한반도의 긴장 고조일 뿐이다. 안보 정책의 최우선 목적이 국민의 생명 보호라는 점을 떠올린다면 방향이 잘못되어도 한참 잘못된 것이다. 보수 안보 정책의 문제가 여기에 있다. 불안만 가중시키고 해법은 제시하지 못한다.

북핵 폐기라는 극한의 난제를 풀기 위한 노력과 동시에, 우리의 국방력을 점검하고 향상시켜 국민의 안전을 지킬 방법 또한 찾아 나가야 한다.

검과 기백

나폴레옹은 "세상에는 검sword과 기백spirit라는 두 가지의 힘이 있다. 길게 보면 검은 언제나 기백에 정복당한다."는 말을 남겼다. 여기서 검은 수치로 환산할 수 있는 병사의 숫자나 장비의 규모일 것이다. 기백은 군대라는 시스템에 대한 믿음과 국가 수호에 대한 의지 같은 정신적인 힘을 지칭하는 것이다. 정신적으로 무장되지 않은 부대라면, 그 규모가 아무리 크다 한들 강군이 될 수 없다는 의미다.

보수는 안보 불안을 강조하면서도 정작 불안을 해소할 국방력 강화 대책을 마련하는 데에는 미온적이었다. 안보가 중요하다면서 강한 군대를 만들기 위해 얼마나 노력했느냐고 묻는다면 답변은 궁색하다. 인구 감소세에 대비하기 위한 사병 확보 방안이나 사병 월급 상향 조정 같은 표면적인 수치를 놓고서만 골몰해 왔다.

나는 진짜 강군을 만들기 위해서는, 군인 한 사람 한 사람이 충실한 복무를 할 수 있도록 지원하는 '사기 제고'가 선행돼야 한다고 믿는다. 군에 입대하는 것이 인생의 황금기를 낭비하는 고행의 시간이 아니라, 개인의 역량을 발전시키고 성장할 수 있는 기회가 되어야 한다.

가장 중요한 것은 육체적 훈련을 넘어선 정신적 훈련의 강화다. 정신적 훈련은 애국심 교육이나 반공 교육을 의미하는 것이 아니다. 독서를 통해 정서를 함양하고 다양한 지식을 습득하는 것이 곧 정신의 훈련이다.

나는 초선 의원 시절부터 '사랑의 책 나누기 운동 본부'와 함께 '병영 도서관 만들기 운동'을 전개했다. 2003년에는 '도서관 및 독서진흥법' 개정안을 발의해 대대급 이상의 부대에는 병영 도서관을 설립할 수 있도록 하는 법적 근거를 만들었다. 2011년 문화체육관광부 장관으로 일하던 때에는 50개 부대에 도서를 보급해 독서 코칭 프로그램을 통한 독서 훈련을 시작했다. 현재는 전국 1600개 부대에 병영 도서관이 설립돼 있고, 독서 훈련은 250여 개 부대에서 실시하고 있다. 도서관 설립이 어려운 부대에는 컨테이너 박스를 활용한 '독서 카페'를 보급하고 있다.

군대에서 책을 읽는 것은 군대의 경쟁력을 높이는 가장 효과적인 방안이다. 어쩔 수 없이 다녀오는 곳이 아니라 자신의 강점을 발견하고 역량을 키울 수 있는 교육의 장이 된다면, 젊은 청년들의 군에 대한 충성도는 높아질 수밖에 없다. 독서는 또한 최근 잇따르고 있는 장병 폭행 사고에 대한 근본적 처방이 될 수 있다. 나는 책 읽는 군인, 생각하는 군인이라면 폭력을 동원하는 끔찍한 사고는 일으키기 어렵다고 생각한다. 무엇보다 군에서 책 읽는 습관을 길러서 제대하면 사회에서도 손에서 책을 놓지 않게 된다. 국민 다수가 책 읽는 습관을 가진 나라가 된다면 국가 경쟁력도 제고할 수 있다고 본다.

장기적으로는 이스라엘 군대의 경쟁력 강화 모델을 도입할 필요가 있다. 흔히 이스라엘의 국방력은 첨단 기술과 정보력에서 나오는 것으로 알려져 있다. 물론 이스라엘의 방위 산업은 세계 최고 수준이고, 뛰어난 기술력이 튼튼한 안보로 이어지고 있다. 그러나 나는 그러한 기술을 만들어 내는 사람과 군인의 역량을 국방력의 핵심으로 꼽고 싶다.

이스라엘에서는 남녀를 불문하고 고등학교를 졸업하면 군대에 간다. 우리나라처럼 대학에 진학해서 휴학을 하고 군에 입대하는 것이 아니라, 대학에 입학 허가만 받아 놓은 상태로 입대한다. 대학 생활을 본격적으로 시작하기 전에 군 생활을 마친 젊은이들은 제대와 동시에 우리나라 돈으로 500만 원에 가까운 퇴직금을 받는다. 대부분의 젊은이들이 퇴직금으로 반년 가까이 세계 배낭여행을 다녀온다고 한다. 대학에 입학하기 전에 군에서 사회를 경험하고, 세계에서 시야를 넓힌 젊은이들이 배출되는 셈이다.

특히 다수의 젊은이들이 입대 이전에 선택한 전공과 관련이 있는 병과로 배치된다는 점이 인상적이다. 제대를 했다는 것만으로도 하나의 경력이 된다. 군대에서 자신의 커리어를 시작하는 것이다.

이스라엘은 적응이 어렵고 힘든 부대일수록 경쟁률이 높다고 한다. 군 제대 자체가 경력이 되니 더 어려운 일을 해낼수록 경쟁력 있는 커리어를 쌓는 셈이 되기 때문이다.

군사 영재 집단 '탈피오트' 부대가 대표적인 예다. 한 해에 약 50명 정도를 선발하는데 지원자가 만 명에 이른다. 입대를 위해서는 수차례의 시험을 통과해야 한다. 시험 문제는 창의성과 문제 해결 능력, 순발력 등을 테스트하는 내용으로 구성돼 있다. 선발된 인재들은 이스라엘 명문 히브리대에서 40개월간 장학금을 받으면서 교육받는다. 혹서의 사막에 설치한 탱크에서 한 달간 생활하기 같은 특수 훈련도 통과해야 한다. 3년의 학사 과정으로 구성되는 기본 복무가 끝나면 6년의 가산 복무를 해야 한다. 2년간은 실제 부대에서 생활하고, 4년간은 방산 업체에서 연구 요원으로 복무한다. 탈피오트의 복무 기간은 체력은 물론이거니와 정신력, 사고력, 첨단 기술력까지 키우는 교육 기간이라고 할 수 있다. 제대 후에는 이스라엘 최고의 엘리트로 사회에 진출하게 된다.

현재 700명 정도인 탈피오트 출신 인재들은 이스라엘

벤처 기업 및 학계에 포진해 있다. 이스라엘이 미국 다음으로 특허가 많은 나라가 된 이유가 여기에 있다는 분석이 나올 정도도. 청년들이 모두 거치는 군부대에서 사회에서 활용할 수 있는 기술을 교육하니 군 복무 기간이 아깝지 않다. 사이버전을 수행하는 이스라엘의 정보 부대인 '유닛 8200' 출신 역시 유수의 IT 기업들이 선호하는 인재다.

우리나라 젊은이들의 현실은 어떨까. 대학에 입학한 뒤 입대하는 장병들의 경우에는 학업을 중단하고 21개월간 복무를 한다. 제대하고 복학을 하면 다시 학교에 적응하고 취업 준비를 하는 데 몰두해야 한다. 군 복무 기간의 경험은 잊고 다시 시작해야 사회에서 쓸 수 있는 자격증, 기술을 취득할 수 있는 시스템이다. 그렇게 준비를 해서 졸업을 해도 취업이 어려운 것이 현실이다.

나는 우리 군대도 이스라엘과 같이 경력을 쌓고 역량을 키우는 교육의 장이 되어야 한다고 믿는다. 작은 사회라고 할 수 있는 군대에서 각자 맡은 바 임무를 다하고 자신의 장점을 발견해 개발할 수 있어야 한다. 이를 위해서는 장병들의 역량이 전력 강화에 집중되는 시스템을 만드는 것이 중요하다. 이발병, 취사병 같이 민간 영역에 아웃소싱을 해서 맡길 수 있는 분야는 외부에 개방하고, 군 병력은 국방에 관련한 분야에만 집중하는 것이다. 군인은 상관의 부하 직원으로 쓰이는 저렴한 인력이 아니라, 국방을 위해 투입되는 전력이 되어야 한다.

과업 시간에는 훈련을 받지만, 땅 파고 눈 치우는 잡일은 시키지 않아야 한다. 전투 병력 중심으로 부대를 구성한다면 현재의 60만 대군이 반드시 필요한 것은 아니다. 전투력을 강화하기 위한 설비 보강, 기술 개발 과정에서 새로운 산업이 태동할 수도 있다.

젊은이들이 사회로 돌아가서 활용할 수 있는 자금을 지원해 주는 시스템을 만드는 것도 중요하다. 예컨대 제대 후에 자원하는 경우에 한해 1년을 추가로 복무하면 1년간 9급 공무원에 준하는 월급을 지급하는 방안도 고려할 수 있다. 학비로 사용할 수도 있고, 창업 종잣돈으로도 활용할 수 있다. 이스라엘 젊은이들처럼 해외에서 어학을 공부하거나 여행을 하면서 견문을 넓히는 것도 좋다.

군대는 대한민국을 변화시킬 수 있는 마지막 보루다. 군대에서 어떤 프로그램을 어떻게 운용하느냐에 따라 우리 사회에 배출되는 시민의 역량과 문화가 달라질 수 있다.

많은 사람들이 '군대 문화'라고 하면 '까라면 까라'는 강압과 상명하복을 떠올리고 부정적으로 생각한다. 그러나 나는 오늘날 대한민국이 이렇게 짧은 기간에 압축적 경제 성장을 이룰 수 있었던 원동력의 하나가 군대 문화라고 생각한다. 2~3년간 군에서 훈련받은 남성들은 불가능을 가능으로 만드는 도전 정신을 갖추고 사회에 진출했다. 군대를 통해 조직 사회의 구조를 이해하고 있기 때문에 조직 문화 적응도 빨랐다.

문제는 과거의 군대 문화가 스마트 시대에는 맞지 않는다는 점이다. 대규모 조직에 의해 돌아가는 대량 생산, 대량 소비의 시대, 아날로그의 시대에는 군대에서 배운 상명하복의 획일화된 문화가 적용되기 쉽다. 그러나 지금은 시대가 변했다. 순식간에 정보가 유통되는 스마트 시대, 다품종 소량 생산이 주류인 취향의 시대에 '까라면 까라'는 논리는 더 이상 맞지 않는다. 우리 군대가 변화해야 하는 이유다.

개인의 특성을 살릴 수 있는 병과의 세분화와 부대 배치, 사회 진출과 연계되는 군 복무 프로그램의 개발이 필요하다. 예컨대 컴퓨터 프로그래밍에 능한 청년이라면 정보전 부대에서 자신의 재능을 키울 수 있도록 해줘야 한다.

이번 대선에서도 모병제 도입, 군 복무 단축과 같은 국방 개혁안이 제시됐다. 그러나 군대를 전문화하고 청년들의 역량을 끌어낼 수 있는 방안은 논의되지 않았다. 인구 절벽이라는 현실을 앞두고 국방력 약화로 이어질 수 있는 군 복무 단축이나, 평등한 국방의 의무 정신을 훼손할 수 있는 모병제 도입은 시기상조다. 지난한 논의 과정이 예상되는 논쟁적 대안을 제시하기 이전에, 청년의 미래를 살리는 군대를 만들어 보자고 제안하고 싶다. 군대가 청년의 희망 사다리가 되어 줄 수 있다면, 군의 사기는 높아질 것이고 국방력도 강화될 것이다.

많은 남성들이 군대에 다시 입대하는 꿈만큼 무서운 꿈은 없다고 말한다. 세상에 가고 싶은 군대가 어디 있느냐는 얘기도 있다. 해병대 출신인 나로서도 백분 공감하는 얘기다. 그러나 올바른 국가라면 가고 싶은 군대, 나에게 맞는 군대를 지향해야 한다. 지금은 환상처럼 들리는 꿈같은 이야기가 현실이 되어야 강한 군대, 튼튼한 국가 안보도 가능하다.

청년의 꿈을 지키는 일이 곧 자유 민주주의 체제를 지키는 일, 국가를 위협으로부터 지키는 일이다.

나카소네 야스히로 / 일본 전 총리

불역(不易)과 유행(流行)이란 말이 있다. 변하지 않는 원칙을 갖고 있으면서 때로는 발전과 전개를 통해 갱신한다는 뜻이다. 이것이 보수의 본류다.

마거릿 대처 / 영국 전 총리

아마 많은 부모님들이 18세 이하의 청소년에겐 무직이 선택 사항이 돼선 안 된다는 저의 뜻에 동의할 것이라 생각합니다. 그건 선택의 문제가 아닙니다. 젊은이들이 아무 일도 하지 않는다는 것은 말도 안 됩니다. 그건 매우 안 좋은 현상이며, 그들에게도 좋은 출발점이 될 수 없습니다. 젊은이들에겐 실업이라는 선택지가 없어야 합니다. 그건 그 개인에게도, 국가에게도, 미래 기술에도 악영향을 미칠 것입니다.

5장

청년을 두려워하는 보수

보수가 부끄러운 청년

"보수라고 말하면 매장되는 분위기예요."

바른정당 선거대책위원장을 맡아 이번 대선을 치르면서 만난 젊은 유권자의 말이다. 젊다고 해서 모두가 진보는 아닌데, 보수 정당을 지지한다고 하면 "너는 왜 젊은 애가 꼴통이냐"는 식의 비난을 받는다고 했다. 보수 정당이 부패하고 무능하니, 어디 가서 보수라고 말하면 부패하고 무능한 사람 취급을 받는다는 얘기에 적이 당황스럽고 미안했다.

지난 대선에서 바른정당 유승민 후보의 거리 유세장에는 수많은 젊은이들이 자발적으로 모여들었다. 청년 모임이나 단체에 부탁을 하거나 따로 홍보를 한 것도 아니다. 30년 보수 정치를 한 내가 한 번도 본 적 없는 장면이었다.

젊은 보수가 이렇게 많이 있었구나. 전율을 느낄 만큼 감동을 받았다. 동시에 지금껏 보수는 뭘 하고 있었나 하는 자괴감이 들었다. 내가 정말로 정치를 잘못하고 있었구나. 한 번도 근본을 뚫고 들어가지 못했구나. 청년들이 자신 있게 지지할 만한 정당을 만들지 못한 책임을 뼈저리게 느꼈다.

젊은 보수는 늘 있어 왔는데, 보수 정치인들은 그들이 당당하게 "나는 보수다"를 외칠 수 있는 분위기를 만들어 주지 못했다. 솔직히 얘기해 보자. 보수 정당은 그동안 선거 때만 되면, 젊은 층이 투표장에 나오지 않기를 바랐다. 젊은 층을 자극할 만한 이슈를 만들지 말자는 식의 패배주의 선거 전략이 횡행했다. 청년의 마음을 사로잡는 정책을 만들 생각은 하지 않고, 청년의 무관심을 방조하고 이용했다. 투표율이 낮아지기를 바라는 정당이라니, 얼마나 황당무계한가.

청년들이 정당 활동에 참여할 수 있는 문도 좁다. 과거 보수 정당이 국회의원 후보를 공천할 때 적용하는 청년 가산점을 받을 수 있는 기준은 40세였다. 그나마도 연령 기준을 더 높여야 한다는 반발이 있었다. 2016년 옛 새누리당 중앙청년위원회는 청년의 기준을 만 40세에서 45세로 늘려 달라는 결의문을 채택한 바 있다. 미국의 버락 오바마 대통령이 47세에, 캐나다의 저스틴 트뤼도 총리가 44세에, 프랑스의 에마뉘엘 마크롱 대통령은 무려 39세에 당선됐는데, 우리는 45세를 가산점을 받아야 할 청년으로 규정하자고 주장하고 있었던 것이다. 20~30대 당원 비율도 10퍼센트 수준이었다. 반면 진보 정당인 정의당은 35세를 청년 기준으로 설정하고 있다. 당원의 35퍼센트 이상이 20~30대일 정도로 젊은 층의 지지도 높다.

보수 정당은 기초노령연금과 같이 노년층의 표를 얻기 위한 포퓰리즘적 공약을 내걸었다. 미래의 청년 세대에게 부담이 되는 복지 정책을 만들면서도 청년의 목소리를 들으려는 노력은 하지 않았다. 청년 정책으로 제시했던 '반값 등록금' 역시 퍼주기식 복지 공약이라는 비판을 받았다. 보수 정치인 스스로가 젊은 층은 덮어 놓고 진보 성향일 것이고, 복지 혜택을 바랄 것이라는 선입관에 갇혀 버린 셈이다.

현장에서 만난 젊은 보수들의 바람은 보수가 보수다워지는 것이었다. 청년들은 경제 살리기와 안보라는 보수 고유의 가치를 제대로 실현해 내는 정당을 보고 싶었다고 했다. 보수 정당이 진보 정당의 이념을 벤치마킹하기를 원하는 것은 아니었다.

지난 5월 말 《중앙선데이》가 2030세대 젊은 보수 유권자들을 심층 인터뷰해 보도한 기사에서도 젊은 보수의 목소리는 같았다.

"납세의 책임은 다하지 않으면서 복지의 과실만 취하려 하는 건 정의롭지 않다."

"복지 포퓰리즘 등 바람에 휘둘리지 말고 기존의 가치를 잘 지켜 나갔으면 좋겠다."

젊은 보수는 보수의 가치를 실현하는 제대로 된 보수를 원하고 있다. 청년들이 비판하는 것은 기득권을 유지하기 위해 결집한 부패한 보수다. 보수 정치의 이념 자체를 부정하는 것이 아니다.

그렇다면 청년에게 희망을 줄 수 있는 보수의 담론을 만들어 내는 것이 보수 정당의 책무이다. 청년의 문제를 외면하지 않음을, 청년의 질문에 보수 정치가 답할 수 있음을 보여 줘야 한다.

'헬조선'의 '흙수저'

종종 질문을 받는다.

"정말로 우리나라가 '헬조선'이라고 불릴 만큼 지옥 같은 사회인가요?"

나는 이렇게 답한다. "희망이 없는 사회는 지옥"이라고. 작금의 현실을 보자. 보건복지부가 추산한 2013년 기준 자녀 1인당 양육비는 3억 800만 원에 달한다. 한 가정에 자녀가 둘만 있어도 6억 원 이상이 든다는 얘기다. 억대 연봉의 재력가가 아니고서는 수입의 상당 부분을 교육비에 투입하고 있는 것이 현실이다. 그렇게 해서 자녀들이 성공하고 안정적인 생활을 할 수 있다면 다행이다. 문제는 천문학적 비용을 들여 자녀를 대학에 보내도 취업이 어렵다는 데에서 출발한다. 연봉 높고 복리 후생 좋은 대기업이나 공기업에 들어가는 문은 너무 좁고, 대학생은 너무 많다.

지옥으로 표현해야 할 만큼 한국 사회에서 살기가 힘들다는 청년들의 목소리에 보수 정치는 전형적인 '꼰대'의 논리로 답변해 왔다. "더 노력해라. 우리 때는 말이다⋯⋯" 산업화와 민주화를 이뤄 낸 기성세대의 논리는 '정말 안 힘들어 봐서 우는 소리를 한다'는 정도다. 전쟁의 폐허에서 세계 10위권 경제 대국을 이뤘고, 말 그대로 흙을 파먹으면서도 결국은 내 집 마련을 하고 자식은 대학까지 보냈던 어른들의 입장에서는, 배곯지 않고 학교 편하게 다니는 요즘 젊은이들이 왜 저렇게 비관적인지 이해가 되지 않는 것이다.

그러나 청년들의 지금과 과거 우리 세대의 현실을 비교해 보면 답은 명확해진다. 전깃불, 수돗물도 없는 동네에서 몇 킬로미터를 걸어서 학교를 다니면서도 우리에게는 희망이 있었다. 지금은 배고프지만, 내일은 나아질 것이라는 희망. 학교만 졸업하면 부모님을 편하게 모실 수 있을 것이라는 희망. '우골탑'이라는 말이 있을 정도로 자식을 대학 보내는 일이 어려웠던 시대지만, 대여섯 명 자식 중에 누구 하나만 대학에 가주면 온 집안을 먹여 살릴 수 있을 만큼 경제적 성공을 이룰 수 있는 시대였다. 자고 일어나면 천지개벽을 할 정도로 개발 붐이 일었고, 시골에 사둔 집 한 채가 온 가족이 먹고살 자산이 되어 주기도 했다.

사회학자 전상진 서강대 교수는 과거와 같은 성공의 경험을 가진 영웅의 시대는 끝났다고 말한다. 현 시대의 젊은이들은 모든 것이 확실하지 않은 시대에 자신의 미래에 대한 근본적인 의구심과 불안감을 안고 살아간다는 것이다. 과거와 같이 대학 졸업, 내 집 마련 같은 목표를 달성한다고 해도 이상적인 목적지에 도달할 수 없는 시대다. 자연히 청년들은 목표도 없고 기대도 없다. 대학을 간다고 취업이 되는 것도 아니고, 취업을 한다고 평생 다닐 수 있는 것도 아니다. 언제 어떻게 달라질지 모르는 환경에서 불안에 떨고 있는 청년들은 미래를 대비하기보다는 현재를 즐기는 쪽을 택한다. 미래가 보장되지 않는데 오늘을 희생해 가면서 목표를 이룰 이유가 없다는 것이다.

심리학자인 곽금주 서울대 교수는 젊은 세대를 '혜택의 세대'로, 기성세대를 '역경의 세대'로 설명한다. 곽 교수에 따르면, 경제 발전을 이루기 위해 역경을 겪어 온 기성세대와는 달리, 젊은 세대는 비교적 어릴 때부터 경제 문화적 혜택을 받아 왔다. 그래서 기성세대에 비해 좋은 직업과 높은 연봉에 대한 희망이 크다. 그러나 현실은 그렇지 못하니 이상과 현실의 괴리가 커지고 우울과 무기력을 느끼게 된다는 것이다.

그런 청년들에게 어른들은 시대에 맞지 않는 조언을 하고 있다. 좋은 대학을 가고, 대기업에 취직하고, 공무원이 되는 것 외에는 삶의 지표를 제시하지 못하고 있다. 경제 성장률이 10퍼센트가 넘었던 시대의 가치를 2퍼센트대 저성장 시대를 살아가는 청년들에게 주입시키고 있는 셈이다.

불안한 미래에 목표도, 꿈도 없는 청년들은 어른들이, 사회가 제시하는 기준을 향해 달려간다. 30만 명이 넘는 공시생이 공무원 시험을 준비하고 있는데, 합격자는 3퍼센트에 불과하다. 나머지 97퍼센트는 어떻게 하란 말인가. 어차피 합격자의 수는 정해져 있고, 탈락자는 나올 수밖에 없다. 기성세대는 가능성이 낮은 좁은 문으로 청년들을 밀어 넣고는 노력을 충분히 하지 않아서 안 됐다는 자괴감만 심어 주고 있는 것은 아닐까.

　심리학자 허태균 고려대 교수는 우리나라 사람들이 너무나 비현실적인 꿈에 매달려 있다고 지적한다. 대한민국 부모의 70퍼센트가 노후 자금까지 투입해 사교육을 시키고 있는데, 그렇게 교육받은 자녀 모두가 명문대에 진학하고 대기업에 취업하고 고시에 합격할 수는 없다는 것이다. 부모도, 자녀도 불행해지는 구조가 만들어질 수밖에 없는데도 모두가 획일화된 꿈을 향해 달려가고 있다. 그러니 미래가 나아질 것이라는 희망은 가질 수가 없는 것이다.

　노력을 해도 달라지는 게 없는 사회에서 청년들은 타고난 재력이나 사회적 지위에 대한 박탈감을 느낄 수밖에 없다. 여기서 부모의 재력이나 사회적 지위가 자녀에게 대물림된다는 이른바 '수저계급론'이 나온다. 부모의 경제적 지원을 받지 못하는 청년들은 스스로를 '흙수저'라고 칭하면서 자조한다. 고착화된 사회적, 경제적 계급을 노력으로 바꾸기 어려운 시대에 대한 자조다. 수억 원을 들여 대학을 졸업한다고 안정된 삶이 보장되는 사회가 아닌데도, 대학 진학이나 공무원 시험 이외의 대안은 없다. 지방에서 서울로 올라와 자취하면서 비싼 학원비를 내고 강의를 듣는 방법 말고는 다른 길을 찾기가 어렵다. 그러니 부모의 재력이 곧 계급이라는 불만이 나오는 것이다.

　헬조선과 흙수저 담론의 공통된 배경은 시대상을 반

영하지 못하는 획일화된 시스템이다. 변화의 속도가 엄청나게 빠른 스마트 시대가 됐는데도, 우리는 여전히 아날로그 시대의 줄 세우기 교육, 평생직장 개념을 적용하고 있다. 대기업 취업이나 공무원 시험 합격처럼 과거 각광받았던 직업들이 여전히 선망의 대상이다. 사람마다 특성이 다르고 목표가 다른데, 모두가 대학에 진학하는 것을 당연하게 여긴다. 높은 교육열은 전후 폐허가 된 경제를 일으켜 세우는 원동력이었지만, 다양성과 창의성이 필요한 로봇의 시대, 4차 산업혁명 시대에는 오히려 장애물이 될 수 있다.

몇 년 전 JTBC 프로그램 〈비정상회담〉에서 외국인 청년들이 했던 말이 떠오른다. 벨기에 청년 줄리안은 "한국 청년들은 왜 그렇게 열심히 공무원이 되려고 하느냐. 우리 나라에서는 공무원은 인기가 없다"고 했다. 이어서 "유럽에서는 대기업 취업은 꿈이 아니다. 우리는 대기업이 평생 가지 못한다는 것을 이미 다 겪어 봤다"고 했다. 영국인 제임스는 "사람들이 되고 싶어 하는 것이 다양하다. 영국에서는 목수가 굉장히 존경받는다"고 했다.

우리보다 먼저 산업 고도화와 경제 성장을 이룬 선진국에서는 아무리 큰 기업이라도 일순간에 무너질 수 있다는 것을 경험적으로 알고 있다. 공무원으로 일하고 싶어 하는 사람도 있지만, 모두가 공무원만을 꿈꾸면서 안정적인 삶을 찾지는 않는다. 하고 싶은 일을 하는 사람이 존경을 받고, 선망의 대상이 된다.

획일적인 교육은 청년을 불행하게 만들고 있다. 우리
교육은 초등학교 6년, 중학교 3년, 고등학교 3년 도합 12년
의 세월을 대입이란 하나의 목적으로 경쟁을 시킨다. 그리고
매년 11월 둘째 주 목요일, 단 하루, 몇 시간의 수능 시험을
통해 1등부터 60만 등까지 줄을 세운다. 수능 때만 되면 청
소년이 수능 성적을 비관해 자살이라는 극단적 선택을 했다
는 소식이 들려오는 이유다.

우리 아이들은 수험생이 되기까지 12년 동안 각박한
사회생활의 조기 교육을 받는다. 점수를 올리기 위한 무한 경
쟁, 밤늦게까지 학원을 전전하는 추가 수업, 부모의 재력이
학생의 경쟁력이 되는 물질 만능주의, 성적을 기준으로 어울
리는 친구들이 갈리는 양극화 현상을 비롯해, 성적만 좋으면
모든 것이 용납되는 성적 지상주의까지 사회의 병폐와 악습
을 학교에서 배우고 있는 것이다.

이렇게 자란 학생들이 행복할 리가 없다. 2016년 연세
대 사회발전연구소가 유니세프의 어린이·청소년 행복지수를
활용해 전국 초·중·고교생 7343명을 대상으로 조사한 결과
에 따르면 우리나라 학생의 주관적 행복지수는 조사 대상인
22개 OECD 회원국 중 20위(88점)를 기록했다. 자살 충동을
세 번 이상 경험한 '자살 위험 집단' 비율이 초등학생 5.6퍼
센트, 중학생 6.5퍼센트, 고교생 9.1퍼센트나 됐다.

2014년 국회의원 42명으로 구성된 국회 인성교육실천포럼은 전국 80명의 중학생을 국회로 초청해 2박 3일간의 청소년 캠프를 진행한 적이 있다. 이 캠프를 통해 오히려 우리 아이들에게 많은 것을 배우게 됐다. 지금 교육의 문제는 아이들의 문제가 아닌 어른들의 문제이자 한국 정치의 문제라는 것이었다. 지금 우리 아이들에게 필요한 것은 잔혹한 경쟁 속에서 이기는 것을 가르치는 교육이 아니라, 행복을 가르치는 교육이다.

이러한 사고의 변화를 위해서는 교육의 변화가 뒷받침되어야 한다. 시대가 달라졌음을 일깨워 주는 교육, 개개인의 특성을 파악할 수 있도록 돕는 교육, 획일화된 성적 기준이 아니라 다양성을 지향하는 교육이 필요하다. 줄 세우기에 급급한 교육이 아닌, 다가오는 미래를 창조적으로 개척할 수 있는 마음 따뜻하고 행복한 인재를 양성할 수 있는 교육의 대개혁이 필요하다.

대학을 없애라

이런 이야기가 있다. 월스트리트와 실리콘밸리에서 성공한 CEO 상위 10위를 뽑아 비교하면, 월스트리트의 80퍼센트는 명문 아이비리그 대학 출신이고 실리콘밸리의 80

퍼센트는 대학 졸업장이 없다고 한다. 월스트리트가 3차 산업인 금융 산업, 실리콘밸리가 4차 산업인 정보, 지식 산업의 최일선 현장이라는 점을 생각해 보면, 통계의 의미는 명확해진다. 정규 교육 과정을 우수한 성적으로 이수한 것이 4차 산업 시대의 정답은 아니라는 것이다. 오히려 정규 교육 과정이 4차 산업 시대에 필요한 상상력과 창의력을 고갈시킨다는 지적까지 나오는 마당이다.

한국에서도 비슷한 일이 벌어지고 있다. 매년 대학 졸업자들은 쏟아지는데, 기업들은 인재가 없다고 아우성이다. 급격하게 변화하는 4차 산업 혁명의 시대에 화석화된 대학 교육은 도움이 되지 않는다. 70~80년대 학자들 이론을 공부하고 나온 학부 졸업자들은 기업이 필요로 하는 인재가 아니다. 결국 기업은 토익 성적 같은 부차적 기준을 만들어 사람을 뽑고 추가적으로 비용을 들여 기업에 필요한 인재로 양성한다. 기업들이 추산하는 신입 사원 재교육 비용은 1인당 평균 6000만 원에 달하는 것으로 알려져 있다.

나는 '헬조선'의 핵심적 원인이 교육에 있다고 본다. 우리 교육은 청년들에게 자존감을 심어 주지 못하고 있다. 정부와 사회, 가정에서 요구하는 대로 열심히 따라갔는데, 결과는 아무것도 없는 현실이 청년들의 분노와 자괴감을 키우고 있다. 획일화된 잣대로 줄만 세우니, 다수의 청년들은 사회에 나가기도 전에 패배 의식이 생길 수밖에 없다.

그렇다면 교육을 어떻게 바꿔야 할까. 지금껏 여러 차례에 걸쳐 교육 제도 개편이 이뤄졌고, 그때마다 창의력 교육이 도마에 올랐다. 현재 시행되고 있는 학생부종합전형이나 입학사정관제도 성적 기준만 가지고 줄 세우지 말자는 원칙에서 나온 제도들이다. 그러나 변화는 미미했다. 근본적인 원인을 고치지 않고 변죽만 울렸기 때문이다. 위의 제도들은 현행 대학 교육 시스템이 아니라 대학에 입학하는 방법을 바꾸는 네에 초점을 맞추고 있다.

나는 여기서 조금은 충격적인 주장을 펴고 싶다. 대학을 없애야 한다.

모든 대학이 사라져야 한다는 주장이 아니다. 고등학교 졸업자의 70퍼센트가 진학하는 대학, 의무 교육의 연장선상에서 학위 취득만이 목적인 대학을 과감히 없애야 한다는 얘기다. 물론 학문을 연구하고 학자로 성장하려는 소수를 교육하는 상급 교육 기관으로서의 대학은 필요하다. 그러나 다수의 청년들은 대학에 가지 않고도 취업과 창업에 필요한 지식과 기술을 배울 수 있도록 지원해야 한다.

대학을 나와도 취업이 안 되는 이유는 대학에서 배운 것이 기업에서 필요로 하는 지식이 아니기 때문이다. 대학은 당초 학문을 깊이 있게 연구해 학자를 양성하는 고등 교육 기관이었으니, 당연한 결과다. 대학은 대기업 취업이나 공무원 합격을 위해 만들어진 시스템이 아니다.

창업의 경우도 마찬가지다. 정치권에서 창업의 사례로 자주 언급하는 푸드트럭을 보자. 푸드트럭을 가지고 창업을 하는 데에 대학 교육이 필요한가? 자본과 노하우가 필요하다. 이것은 대학처럼 학위를 수여하는 기관이 아니더라도 충분히 교육할 수 있는 실무다. 청년들이 대학을 가지 않아도 사회에 진출할 수 있는 교육 시스템을 만드는 것이 중요하다.

대학 졸업장이 없어도 능력을 쌓고 일할 수 있는 시스템, 나는 그 희망을 '엔터리지(엔터프라이즈와 칼리지의 합성어로 기업과 대학의 협력으로 실용적 인재를 양성하는 교육 시스템) 시스템'으로 실현할 수 있다고 생각한다. 엔터리지 시스템은 일자리를 못 찾는 학생, 인재를 못 찾는 기업을 연결할 수 있는 복합 교육 시스템이다. 기업들이 고등학교 졸업자 중에서 적성, 인성을 기준으로 신입 사원을 선발하고, 필요에 따라 커리큘럼과 교육 기간을 정해서 교육하는 것이다. 대학은 기업이 요구하는 내용에 맞춰 위탁 교육을 진행하고, 기업으로부터 교육비를 지급받는다. 이렇게 하면 청년들은 학비 부담을 덜고, 기업은 효율적으로 인력을 충원할 수 있다. 대학에 가기 위해 사교육을 받을 필요가 없으니 자연스럽게 공교육이 정상화된다.

우선적으로 공기업부터 엔터리지 시스템을 도입해 민간 영역으로 확대해 나가는 방안을 제안한다. 중소기업의 경우는 정부에서 교육비를 지원하는 방법도 가능하다. 대학은 학자를 양성하는 고등 교육 기관으로서의 사명을 충실히 이행하면서, 평생 교육 시대에 대비해야 한다. 미래 사회에는 평생직장의 개념이 없어지고 프로젝트별로 일하는 방식이 보편화될 것이다. 이때 필요한 것이 평생 교육이다. 대학은 고등학교 졸업생이 학위를 따기 위해 다니는 곳이 아니라, 전 세대가 공부하는 교육의 장으로 변화해야 한다.

고등학교까지의 공교육은 개인의 적성과 특성을 개발하는 방향으로 개선돼야 한다. 학창 시절은 놀고 보고 느끼면서 세상을 폭넓게 접하고 잠재력을 발견하는 시기가 되어야 한다. 창의력과 용기를 키우는 교육을 해야 청년들이 4차 산업 혁명 시대를 살아갈 수 있다.

아날로그 시대에는 누가 더 많은 지식과 정보를 갖고 있느냐가 경쟁력을 가늠하는 잣대였다. 법률, 제도, 트렌드 같은 사업에 필요한 정보들을 소수가 독점하고 있었기 때문이다. 학연, 지연 같은 네트워크를 통해 정보를 공유하는 사람들이 성장할 수 있는 구조였다. 오죽하면 '떡볶이 집을 해도 서울대를 나오면 잘 된다'는 말도 있었다.

지금은 시대가 변했다. 정보와 지식을 누가 더 많이 갖고 있느냐가 아니라, 누가 더 잘 활용하느냐가 관건이다. 인터넷 검색만 하면 정보가 튀어나오는 시대다. 누구나 접할 수 있는 정보를 어떻게 쓰느냐는 창의력과 상상력에 달려 있다. 서울대 졸업장보다 아이디어가 중요하다.

창의력과 더불어 청년들이 키워야 할 능력이 또 하나 있다. 바로 자기가 좋아하는 일을 찾는 능력이다. 지금껏 청년들이 불행했던 이유는, 남의 눈을 의식하고 자기가 원하는 일을 찾지 못했기 때문이었다. 내가 좋아하는 일, 내가 필요해서 하는 일이라면 난관이 닥치더라도 극복할 수 있다.

문화체육관광부 장관 시절 만났던 수많은 아티스트들은 아무리 어려워도 기본적인 생활만 유지된다면 계속해서 같은 일을 하겠다고 말하고 있었다. 큰돈을 벌고 성공해서 이름을 남기겠다는 것이 아니라, 내가 하고 싶은 일을 하면서 살 수 있는 환경을 만들어 달라는 얘기였다.

지난 4월 국회에서 개최한 대담쇼 '어쩌나 대한민국'에 가수 솔비를 초청한 적이 있다. 가수로, 화가로 다방면에서 활동하고 있는 솔비는 힘들 때마다 스스로 할 수 있다고 되뇌면서 새로운 도전을 이어 나갔다고 했다. 그 원동력은 바로 본인이 원하는 일을 하고 있다는 데에 있었다. 동석한 허태균 고려대 교수는 "사람은 자기가 무엇을 선택하든 이유와 가치를 찾는다면, 나중에 무슨 일이 일어나든 받아들일 수 있다"고 했다. 남들이 너는 이걸 잘하니 이렇게 하라고 해서 시작한 일은 문제가 생기면 남 탓을 하고 사회 탓을 하게 만든다는 것이다.

이제 우리 교육은 "잘할 수 있겠느냐"에 앞서 "무엇을 하고 싶으냐"를 물어야 한다. 그리고 그 질문에 답할 수 있도록 인성 교육을 시작해야 한다. 인성 교육은 도덕 교육이나 윤리 교육이 아니다. 상대를 인정하는 법, 다름을 인정하는 법을 가르치는 것이 인성 교육이다. 이 사회는 더불어 사는 곳이고, 모든 사람은 서로 다른 개성을 갖고 있다는 것을 받아들이는 교육이다.

지금처럼 학교에서 성적만 매기고 서로 경쟁을 붙이는 방식으로는 상대를 인정하기 어렵다. 상대를 밟아야 내가 일어설 수 있다고 가르치는 시스템에서 어떻게 다름을 받아들일 수 있겠는가.

인도 건국의 아버지인 마하트마 간디는 1925년 한 잡지에 기고한 〈사회를 병들게 하는 7대 사회악〉이라는 글에서 '인격 없는 교육'을 사회악 중 하나로 지목했다. 이 글은 간디 추모 공원묘지의 기념석에 새겨져 전 세계 정치 지도자들에게 인용되고 있다. 100년 가까이 지난 지금도 전 세계의 많은 나라들이 인성 교육을 현실화하지 못하고 있다는 의미일 것이다.

우리나라에서도 지난 2015년 '인성교육진흥법'이 제정됐지만 정작 교육 현장에서는 외면당하고 있다. 인성교육법이 시행되고 있다는 사실조차 모르는 교사들이 있는가 하면, 인성 교육을 이념 교육이나 윤리 교육과 혼동해 두발 규제를 하거나 정치 교육을 하는 사례도 적지 않았다.

인성 교육은 교육의 한 분야를 넘어 대한민국의 미래

를 위한 국가적 과제로 인식돼야 한다. 인성 교육은 4차 산업 혁명 시대를 준비하는 밑거름인 동시에, 우리 청년들에게 희망을 심어 줄 수 있는 교육 혁명의 출발점이다.

윈스턴 처칠 / 영국 전 총리

우리 모두 우리의 의무를 위해 일어섭시다. 그리고 우리 모두 견뎌 냅시다. 그래서 대영 제국과 대영 제국의 유산이 천년을 이어지고 나면, 사람들은 말할 것입니다. 바로 지금이 그들의 가장 위대한 순간이었다고.

로버트 니스벳 / 컬럼비아대 명예교수

보수주의는 이상론에 빠져 변화 자체를 목표로 삼거나 무조건 혁신만 숭배하는 정신의 맹목성을 경계하는 정신이며, 자극적이고 새로운 것을 찾아 헤매는 대중의 경박한 욕구에 영합하는 정치가 초래할 파국적 결과를 막으려는 태도이다.

6장

감동이 없는 보수

머리가 아니라 마음이다

　　정치를 장사에 비유한다면, 정치의 상품은 정책이고 고객은 국민일 것이다. 그리고 상품인 정책을 국민 앞에 제시하는 정치인과 정당의 자세 혹은 태도가 바로 마케팅이 아닐까 싶다. 유통 업계에서는 마케팅 전략 가운데 가장 효과적인 것으로 '고객 감동 마케팅'을 꼽는다. 물건 하나를 파는 데에도 감동이 필요한데, 국민 개개인의 삶에 직결되는 정책을 내놓고 지지를 호소하는 입장에서는 더 말할 것도 없다.

　　그러나 우리 정치에는 감동이 없다. 국민의 위에 군림하는 특권 의식, 철학 없이 거물 정치인을 추종하는 패거리 정치에 어느 누가 마음을 움직이겠는가.

　　이러한 무감동, 특권 정치는 구태를 답습하는 데에서 시작된다. 과거의 권력은 정보에서 나왔다. 누가 더 많은 정보를 가지고 있느냐가 권력의 척도였다. 실제로 유력 정치인을 중심으로 많은 정보가 모였다. 그러니 유력 정치인을 필두로 한 패거리가 생기고, '나를 따르라'는 식의 계도적 정치가 가능했다.

　　예컨대 과거에는 높은 곳에 앉아 내려다볼 수 있는 소수의 정치인들이 폭우 속 제방의 넘치는 물을 보고 "홍수가 난다"고 외치면서 사람들에게 둑을 쌓고 물길을 내게 했던 것이다. 정보를 독점하고 있는 정치인들이 국민을 선도하면서 이끌어 가는 것이 곧 정치였다. 앞장서서 깃발을 휘두르는 것이 정치인의 역할이었다.

과거의 정치인들은 정보를 독점하고 있다는 이유만으로도 국민의 존경을 받았다. 국민은 정치인으로부터 배울 것이 많다고 생각했다. 정보의 유통이 엄격하게 제한됐던 군사 독재 정권하에서는 더욱 그랬다. 정치인의 이야기를 들어야 세상이 어떻게 돌아가는지 알 수 있었다. 정치 집회를 열면 정치인들의 얘기를 듣기 위해 백만 명의 인파가 모이던 시절이었다.

그러나 실시간으로 정보를 접하고 교류할 수 있는 지금, 정치인을 통해 정보를 얻는다는 말은 어불성설이다. 오히려 국민들이 정치인보다 더 많은 정보를 갖고 있다. 폭우에 제방의 물이 넘치면 인근에 사는 주민들이 정치인들에게 알려서 대책 마련을 요구하는 편이 더 빠르다. 정치인에서 국민으로 정보가 내려가는 것이 아니라, 국민에서 정치인으로, 또 국민에서 국민으로 셀 수 없이 많은 정보의 흐름이 만들어지면서 대응책이 마련되는 것이다. 정치인들은 더 이상 국민에게 새로운 정보를 제시하기 어려워졌다. 정치 집회를 열어도, 당 관계자들을 빼고 나면 참석자가 거의 없는 것이 현실이다.

이제 정치인의 역할은 달라져야 한다. 국민에게 정보를 제공하고 방향을 제시하는 것이 아니라, 방향을 묻고 지혜를 구해야 한다. 문제 해결 방안을 내놓는 것이 아니라, 문제 해결을 위한 의견을 조율하고 최선의 방안을 도출해야 한다. 그러기 위해서는 겸손한 자세가 전제돼야 한다. 지혜를 구하는 사람의 입장에서 경청하고 공감해야 한다.

이 과정에서 감동의 정치가 탄생한다. 정치인들이 연설을 할 때마다 언급하는 단골 구절 '존경하는 국민들'이 감동을 주지 못하는 이유가 무엇이겠는가. 국민과 소통하지 않고 군림하려 하면서 말로만 존경한다고 하니, 오히려 무성의하고 가식적인 태도로 보이는 것이다.

제왕적 리더십은 이미 수명을 다했다. 이제는 공감과 소통의 리더십이 필요하다. 국민의 다양한 의견에 귀 기울일 수 있는, 다양성을 끌어안을 수 있는 정치가 필요하다.

국민은 와이셔츠 차림으로 참모들과 테이크 아웃 커피를 마시는 문재인 대통령의 모습에 열광한다. 점심 식사 후 커피 한 잔을 마시면서 휴식하는 평범한 직장인과 다르지 않은 모습에, 대통령도 나와 같은 사람이구나 하고 공감하게 되는 것이다. 국민이 원하는 것은 특별한 능력을 가진 슈퍼히어로 대통령이 아니라, 내 얘기를 들어줄 수 있는 친구이자 이웃 같은 대통령이다.

획기적인 정책을 내놓고 국민을 이끄는 카리스마 정치의 시대는 끝났다. 국민의 마음을 움직일 수 있는 매력과 감동이 있는 정치가 필요하다.

문화적 리더십

　　한국은 달라졌다. 1950~1960년대의 20년은 전쟁과 가난, 북한의 위협 속에 생존을 위해 싸워야 했던 '생존의 시기'라고 할 수 있다. 1970~1980년대의 20년은 유신과 긴급 조치, 군사 독재 속에서 국가의 권력에 저항했던 '민주의 시대'였다. 1990~2010년의 20년은 사회주의 체제가 몰락하고 세계화가 진행되면서 진보 이념에 대한 회의가 확산됐던 '자유주의의 시대'라고 볼 수 있다. 2010년 이후는 신자유주의가 초래한 양극화와 미국발 금융 위기로 시장 경제에 대한 회의에 휩싸였던 시기다. 경쟁 중심의 시장 경제의 맹점이 드러나면서 '공동체의 시대'가 시작된 것이다. 경쟁으로 피폐해진 개인을 돌아보면서 공동체의 가치를 회복하고 공동선을 추구해야 한다는 생각이 널리 퍼졌다. 결국 2010년 이후의 한국은 공동체의 가치를 지향하면서 공정하고 정의로운 시장, 사회를 만들어야 하는 과제를 안고 있다. 소수의 엘리트가 이끌어 가는 목표 지향 사회를 벗어나, 이제는 논의하고 합의해서 목표를 설정하고 힘을 합해 나아가는 더불어 사는 사회를 추구해야 한다.

　　달라진 시대에 적합한 공존의 리더십, 나는 이것을 '문화적 리더십'이라고 규정한다. 문화적 리더십은 다름을 인정하면서 공존하는 문화 예술의 원리를 정치에도 적용하는 것이다. 서로 간의 차이를 받아들이고 개인의 다양성을 극대화하는 리더십이 없다면 소통과 공감은 불가능하다.

예술에는 서로 다른 가치관을 초월해 소통하고 공감하는 힘이 있다. 아시아를 넘어 미국, 유럽에서도 인기를 얻고 있는 케이팝 가수들의 사례와 같이 문화 예술은 지역이나 인종의 장벽을 넘나든다.

나는 국회 문화체육관광방송통신위원회 위원, 문화체육관광부 장관으로 일하면서 문화라는 한 분야의 정책 개발에 주력해 왔다. 자연스럽게 문화 예술 분야의 특성, 창조력이 어떻게 태어나는지 배울 수 있었다. 그것은 바로 똑같은 문제라도 다른 관점에서 바라볼 수 있는 열린 마음이다. 문화 예술 작품은 각기 다른 세계관과 가치관을 바탕으로 만들어진다. 다르다고 해서, 어느 한쪽이 옳고 다른 쪽은 그르다고 말할 수 없다.

정치도 마찬가지다. 다름을 인정하지 않는 정치는 감동을 주지 못한다. 국민이 정치권을 불신하는 가장 큰 이유는 예산안, 주요 법안을 처리할 때마다 반복되는 여야의 극한 대립이다. 국민의 다양한 의견을 포용해 조율하고, 합의를 도출해야 할 정치권이 네 편, 내 편을 가르고 싸움을 벌이고 있으니 국민의 신뢰도, 감동도 기대할 수 없는 것이다.

정권이 바뀔 때마다 지난 정권의 모든 정책이 폐기되는 현실도 안타깝다. 성과가 있는지 없는지가 기준이 아니라,

정파가 다르니 정책도 바뀌어야 한다는 논리가 득세한다. 수시로 바뀌는 정책은 국민을 혼란으로 몰아넣는다. 국민을 위해 필요한 정책을 고심하지 않고 정파 간 경쟁만 생각하는 정치에 국민이 감동을 느낄 수 있겠는가.

여당이 야당의 입장을 이해하고, 현 정권이 전 정권에서 계승할 정책을 발견할 수 있어야 협치가 가능하다. 상대의 이야기를 들어야 패거리 싸움에서 벗어나 민주적 토론과 합의에 의한 의사 결정이 가능하다. 그것이 바로 문화적 리더십, 문화적 정치다.

현장에 답이 있다

공감과 포용, 공존의 정치의 핵심은 소통이다. 그리고 소통의 열쇠는 현장에 있다. 소통은 일방향이 아니기 때문이다. 정치인이 정책을 만들어서 홍보하고 알리는 데에만 주력할 게 아니라, 정책 고객인 국민에게 실제로 무엇이 필요한지를 물어야 한다. 갈등이 발생하는 현장을 직접 찾고, 당사자들의 입장을 들어야 한다.

내가 김영삼 당시 통일민주당 총재 비서로 정계에 입문한 1988년의 일이다. 당시만 해도 유권자들이 정치인에게 의사를 전달할 수 있는 거의 유일한 수단은 편지였다. 하루

20~30통씩 총재 비서실로 편지가 날아들었다. 그런데도 편지를 챙기는 사람이 없었다. 다들 총재 얼굴 살피기 바빴고, 편지는 거의 방치되다시피 했다. 이래서는 안 되겠다 싶어 민원 편지를 확인하는 일을 시작했다. 하나씩 다 뜯어보고 읽어서 대응 방안을 강구하고 민원을 처리한 것이다. 그러다 보니 국민의 요구, 즉 민원이라는 것은 여러 당사자가 얽혀 있는 복합적인 문제라는 사실을 깨닫게 됐다. 어떤 정책도 수혜자가 있으면 피해자가 있다. 양쪽의 이야기를 다 듣지 않으면, 양쪽의 입장을 고르게 인정하지 않으면 갈등은 해소되지 않는다.

그때의 습관은 30년이 지난 지금까지 그대로 남아 있다. 무슨 일이 생기면 나는 꼭 직접 현장을 찾는다. 여의치 않으면 전화를 걸어 묻는다. 그마저도 어려우면 이메일이라도 보내 당사자의 입장을 들으려 한다. 책상에 앉아만 있어서는 정책이 실제로 시행되면서 발생하는 문제들의 복잡한 구조를 이해하기 어렵다. 문제를 해결하는 가장 현명한 답은 현장에 있다.

문화체육관광부 장관으로 일하던 때에도 현장에서 답을 구하기 위해 노력했다. 2011년 1월 취임 직후, 실국장의 업무 보고부터 현장에서 받았다. 영화 정책을 보고할 때에는 영화인들을 초청해 함께 듣고 논의했다. 그 후속 조치로, 3월에는 서울 종로의 한 막걸리 집에서 독립 영화인들의 처우를 개선하기 위한 간담회를 열었다. 참석자는 10여 명 정도로 저조했다. "진짜 장관이 오겠느냐"며 간담회 자체를 부정적으로 보는 분들이 많았다고 한다. 참석한 영화인들마저 속 시원하게 터놓고 이야기를 하지 못하는 분위기였다. 장관이 귀담아듣겠느냐는 회의적인 생각이 컸을 것이다.

막걸리가 한 순배 돌자, 어색한 분위기도 조금 풀어졌다. "내가 죄가 있다면 영화를 좋아한 것뿐인데, 너무나 처참한 인생을 살아야 한다"는 절절한 호소에 가슴이 아팠다. 무엇보다 죄송하고 속상했던 것은, 이분들이 필요로 하는 일이 정부 입장에서는 어렵지 않게 지원할 수 있는 부분이라는 점이었다. 영화인들은 "적어도 영화를 하는 사람들이 돈이 없어서 서로가 만든 영화를 보지 못하는 일은 없도록 영화인 전용 관람권을 마련해 달라"는 등의 아주 구체적인 제안들을 해주었다.

담당 부서와 영화진흥위원회 등의 협의로 금세 해결할 수 있는 문제들이 대체 왜 지금까지 방치되어 있었던 것일까. 결국 듣지 않았기 때문이다. 영화인들을 만나지 않았고, 영화인들과 터놓고 얘기하지 않으니, 담당 부서도, 정치인도 알 수가 없었던 것이다. 정치인들이 말로만 소통을 내세우면서 실제로는 국민의 이야기, '정책 고객'의 이야기를 듣지 않았다는 사실을 피부로 절감하는 순간이었다.

보수 정치가 국민에게 감동을 주지 못하고 무너진 원인 중 하나는 탁상에서만 머리를 굴리는 게으름이었다. 보수 정권의 세월호 사건에 대한 대응은 박근혜 정부가 현장의 희생자 가족과 선을 긋기 시작하면서부터 허술해졌다. 현장의 목소리를 듣지 않으니 제대로 된 대응책이 나오기 어려웠다. 여의도에서, 청와대에서 궁리해 낸 대응책은 희생자 가족의 신뢰도, 국민의 공감도 얻을 수 없었다.

　　보수는 움직여야 한다. 듣는 것에서 소통이 시작되고, 소통에서 감동의 정치가 시작된다. 여의도 정치를 넘어서, 발로 뛰며 국민과 만나는 현장 정치를 시작해야 한다. 높은 자리에 앉아서 아래를 내려다보며 지시를 내리는 정치의 시대는 끝났다.

박세일 / 전 한반도선진화재단 이사장

보수는 두 가지 가치를 지키는 겁니다. 하나는 자유, 다른 하나는 공동체. 자유는 국가 발전이고 공동체는 국민 통합입니다. 즉 공동체를 소중히 하는 자유주의자. 국민 통합을 하면서 국가를 발전시키는 자. 그게 보수주의자입니다.

안병직 / 서울대 명예교수

보수는 기본적으로 '인간은 불완전하다'는 믿음에서 시작한다. '(현상의 원인이 되는) 물(物) 자체는 인식할 수 없다'는 칸트의 인식론이 깔려 있다. 인간이 불완전하기 때문에 선대가 만들어 놓은 과거의 지혜와 제도를 중히 여긴다. '사자(死者)와 동거'하는 셈인데 기존 질서를 확 뒤집을 수 없는 이유다. 반면 진보는 마르크스의 변증법적 유물론으로 대표되는 '인간의 이성에 대한 강한 믿음'을 가지고 있다. 엘리트를 중심으로 아름답고 이상적인 미래를 설계할 수 있다고 보기 때문에 개혁과 혁명을 지향한다.

7장

그래도 보수가 필요하다

질풍노도의 한국, 한국인

네 살배기도 '사춘기'를 겪는다고 한다. 자유롭게 생각하고 몸을 움직일 수 있게 되는 시기에 그만큼 규칙과 제한도 늘어나기 때문이다. 하고 싶은 것도, 할 수 있는 것도 많은데 해서는 안 되는 일도 많아지니, 아이들이 답답해하고 짜증을 내기 시작하는 것이다. 청소년기에만 겪는 것으로 알았던 사춘기는 급격한 성장이 일어나는 시기에 여러 번 겪을 수 있는 감정의 소용돌이 셈이다.

대한민국의 현재는 사춘기와 닮아 있다. 군부 독재의 속박에서 벗어나 자유를 쟁취하고, 하루하루 먹고사는 것이 고통인 최빈국에서 세계 10위권 경제 대국으로, 또 첨단 정보 산업의 메카로 지난 30년간 한국은 성장통에 시달릴 수밖에 없는 급격한 변화와 성장을 겪었다. 허태균 고려대 심리학과 교수가 현재의 한국을 '정신적 사춘기'로 표현하는 것도 같은 이유다. 허 교수는 지난 70년간 한국이 '폭풍 성장'을 했다고 진단하면서 과거 고려와 조선이 500~600년 지속된 것을 감안하면, 한국의 나이는 만 13살, 중2라고 비유한다. 사춘기의 청소년이 그러하듯, 한국은 지금 나는 누구이고 어떻게 살아가야 할 것인지를 고민하고 정립해 나가야 하는 시기에 있다.

사춘기를 잘못 보내고, 선진국의 문턱에서 무너진 국가들의 경험은 반면교사로 삼을 만하다. 21세기 들어 처음으로 외환 위기를 맞은 아르헨티나를 보자. 20세기 초만 해도 경제 선진국으로 꼽혔던 아르헨티나는 1946년 후안 페론 대통령 집권 이후 포퓰리즘 복지 정책으로 몰락의 길을 걷기 시작했다. 은퇴자 연금 인상, 생활 보조금 확대 등으로 국가 재정 지출이 급등한 결과다. 경제 체질 개선에 실패하면서 아르헨티나는 2001년 국가 부도, 2014년 디폴트 사태로 이어지는 위기 속에 회생하지 못하고 있다.

그리스 역시 2009년 글로벌 금융 위기 당시 구제 금융을 신청한 이래 지속적인 디폴트 위기에 노출돼 있다. 양극화가 심화되는 가운데 산업 구조 개혁에 실패하고, 복지 지출 중심의 방만한 국가 운영으로 부담을 가중시킨 결과다. 70~80년대 연평균 4.2퍼센트였던 경제 성장률은 2005년 이후 0.02퍼센트 수준으로 추락했다. 구조 조정을 해야 할 시기에 정부는 공공 부문 인력 확대 같은 포퓰리즘 정책으로 일관했다. 표를 얻기 위해 무리하게 늘려 놓은 일자리는 결국 구조 조정과 재정 재건의 걸림돌이 되고 있다.

질풍노도의 시기를 지나고 있는 대한민국은 앞으로 어떤 사회를 만들어 가야 하는가. 앞선 두 국가의 사례에서 깨달을 수 있는 부분이 있다. 첫째, 한 사람의 정치인이 국가를 망가뜨릴 수 있다. 둘째, 구조 개혁의 타이밍이 중요하다. 셋째, 복지 정책은 득표 전략이 되어서는 안 된다. 이 때문에 정치가 중요하고 선거가 중요하다. 국민이 합리적인 인물을 대표자로 선출해야 하고, 그 대표자들은 서로 협의하면서 극단적인 편향 정책을 막아야 한다.

어린이와 청소년의 사춘기 이야기로 돌아가 보자. 귀여운 아이에게 원하는 것을 다 해주고 싶지 않은 부모가 어디 있을까. 그러나 우리는 아이가 어른이 되어 홀로 살아가야 할 때를 대비해, 다른 사람들과 함께 살아가는 사회 구성원으로서 지켜야 할 규칙을 가르친다. 공중도덕, 예절, 법률을 배워 가면서 자신과 사회 사이의 균형을 찾을 수 있도록 돕는다. 나는 우리나라도 그런 국가가 되기를 원한다. 국제 사회의 룰과 시대 변화의 흐름에 따라 기민하게 대처할 수 있는 법치 국가, 시장 경제 국가로서 성장하기를 바란다. 그러기 위해서는 우리 사회를 만들어 가고 있는 한 사람, 한 사람이 변화의 방향에 공감하고 협력해야 한다.

"어떤 사회의 변화는 모든 구성원의 특성에서 나오는 것이다. 국민이 청렴한데, 국가는 부패 공화국이 될 수는 없다. 우리 스스로가 나라를 만들었고 또 변화시킬 수 있다."

허태균 교수의 말이다. 그렇다. 구성원이 공감하지 않고 참여하지 않는데 무슨 변화가 일어나겠는가. 하물며 국민의 대표자로 선출된 정치인은 더 말할 것도 없다. 정치인이 바뀌어야, 정치가 바뀌어야 사회가 달라진다.

정치는 국민의 무기다

인터넷 기사 가운데 댓글이 가장 많이 달리는 분야가 정치와 스포츠라는 이야기를 들은 적이 있다. 그만큼 국민의 관심도 높고, 국민들이 적극적으로 참여하고 싶어 하는 분야라는 의미일 것이다.

그러나 스포츠와는 달리 정치에 대한 국민적 관심은 대부분 부정적인 반응으로 나타난다. 한국행정연구원이 발표한 2016년 사회 통합 실태 조사에서, 국회는 신뢰도 4점 만점에 1.7점으로 공공 기관 가운데 가장 신뢰하지 못하는 기관으로 꼽혔다. 정치에 대한 신뢰가 떨어지니 '정치 무용론'을 펴는 분들도 많다. 정치 때문에 나라가 이렇게 됐으니, 차라리 정치가 없는 편이 낫겠다는 말씀이다. 변화하지 않고 국민을 실망시켜 온 정치권이 자초한 일이다.

그러나 정치가 없다면 어떻게 될까. 우선 한쪽으로 쏠린 극단론만이 득세하는 불안정한 사회가 되고 말 것이다. 독일 나치당 독재의 교훈까지 살피지 않더라도, 우리는 군부 독재의 암흑기를 직접 겪었다. 타협과 조율을 의미하는 진짜 정치가 없는 가짜 정치의 시대에 국민의 뜻은 왜곡되었고, 국민의 자유는 억압당했다.

둘째로 낡은 수구 세력이 득세하는 화석화된 국가가 될 것이다. 정치는 사회 변화의 방법을 논하는 협의의 장이다. 보수와 진보가 변화의 속도와 방법을 논의하고 합의를 이뤄 나가는 곳이 국회다. 정치가, 국회가 마비된다면, 우리 사회는 현상 유지를 원하는 소수 기득권 세력의 입맛에 맞는 정책에 휘둘리는 정체된 사회가 되고 말 것이다.

북한의 체제는 정치가 없는 사회의 현실을 극명하게 보여 준다. 김씨 일가를 비롯한 일부 기득권 계층만이 세계의 변화를 접하고 받아들이고 있다. 평범한 주민들은 세상이 어떻게 바뀌었는지 알 도리가 없다.

그래서 정치는 국민의 무기이다. 국민은 선거를 통해 대표자를 뽑아 경쟁하게 만들고, 정치에 참여해 대표자를 견제하면서 자유롭고 평화로운 사회를 만들어 나간다. 구성원 개개인의 특성이 사회를 구성하듯, 국민 개개인이 정치를 이끈다. 불신과 혐오의 정치를 끝내기 위해서는 국민의 적극적인 참여가 필요하다.

새는 좌우의 날개로 난다

대표적 진보 지식인인 리영희 선생은 "진보의 날개만으로는 안정이 없고, 보수의 날개만으로는 앞으로 갈 수 없다. 좌와 우, 진보와 보수의 균형 잡힌 인식으로만 안정과 발전이 가능하다"고 지적했다. 점진적 변화를 추구하는 보수와 변화의 속도, 성과를 중시하는 진보가 공존하면서 경쟁하는 가운데 균형이 이뤄진다는 의미일 것이다.

정의는 서로 다른 의견을 조율하는 과정에서 구현된다. 정치의 목표가 정의로운 사회와 구성원의 행복이라는 점을 떠올려 보면, 이념의 갈등과 경쟁은 오히려 권장해야 하는 일이다. 최장집 고려대 명예교수는 영국의 사상가 스튜어트 햄프셔의 "정의는 갈등이다"라는 명제를 언급하면서 "민주주의에서 정의로운 것은 본래부터 존재하는 것을 발견하는 것이 아니라 정당한 절차를 거쳐 여러 의견과 이익들이 갈등하고 경쟁하면서 형성되는 것"이라고 해석했다.

보수와 진보는 한 사람의 삶의 방식을 결정하는 다양한 정책 현안에 대한 의견들의 총체다. 그렇기 때문에 보수와 진보의 정치 이념은 옳음과 그름, 선과 악의 문제로 볼 수 없다. 보수와 진보는 대화하고 협의해야 하는 대상이지 배격하고 타파해야 할 대상이 아니다. 자신만 옳다고 생각하는 편협한 사고로는 '사회의 안정과 발전', '정의의 형성'은 불가능하다.

그래서 나는 보수의 개혁을 주장하는 것이다. 건강한 보수 없이는 건강한 진보도, 건강한 정치도 없다. 협상의 상대가 되지 못하는 썩은 보수로는 진보의 독주를 견제할 수 없을 것이다. 보수의 시각이 반영되지 않는 정치로는 사회의 안정이 위협받고 만다.

보수든 진보든, 상대의 견제 없는 독주는 위험하다. 브레이크 없는 자동차가 거리를 질주하고 있는 것과 같은 형국이다. 과속을 막을 브레이크가 없다면 접촉 사고 정도가 아니라 대형 사고가 발생할 확률이 높아진다. 액셀러레이터만 밟는 운전으로는 안전을 보장할 수 없다. 보수 정권에서는 진보가, 진보 정권에서는 보수가 브레이크 역할을 해줘야 한다.

혹자는 물을 것이다. 그렇다면 보수든 진보든 어느 쪽이 집권을 해도 상관없는 것 아니냐고.

그렇다. 나는 그런 미래를 꿈꾸고 있다. 어느 정당이 집권을 했다고 해서 세상이 바뀌고 나라가 뒤집어지는 일은 없어야 한다. 집권 세력이 바뀌더라도 건강한 견제의 시스템이 유지된다면, 사회의 안정과 균형은 담보될 것이다. 그것이 곧 협치의 정치다.

역설적이지만, 협치를 위해서는 이념 정치가 필요하다. 유권자가 이념에 따라 정당을 선택할 수 있어야 지속 가능한 정당이 나온다. 작금의 한국 정치와 같이, 인물과 지역 중심으로 구성되는 왜곡된 정당 구조는 정당의 수명을 줄이는 결과를 낳고 있다. 수시로 당명이 바뀌고 합당과 분당을 반복하는 우리의 정당사는 이념의 부재에서 나왔다.

더불어, 경쟁과 갈등의 규칙을 지키는 것이 중요하다. 룰이 없는 경쟁은 길거리 패싸움에 지나지 않는다. 이념 경쟁을 통한 균형과 안정의 정치를 위해서 필요한 규칙이 바로 법률이다. 그러나 보수는 갑질과 범법 행위를 일삼으면서 법치의 근간을 훼손해 왔다. 지금껏 우리 국회에서 최루탄, 도끼, 소화기까지 동원된 몸싸움이 벌어진 것은 룰을 무시하고 지키지 않아서다. 보수, 진보 모두에게 공정한 게임의 룰이 지켜져야 생산적인 이념 경쟁, 협력의 정치가 가능하다.

원칙을 위한 혁신

협치의 새 정치를 위해, 나는 지금 보수의 개념을 다시 정의하고자 한다. 보수는 변화를 기피하는 수구 세력의 동의어가 아니다. 점진적인 변화를 통한 사회 안정을 모색하는 것이 보수의 요체다. 보수는 지역주의에 안주하는 영남 정치 세력이 아니다. 급진주의를 배격해 전 국민의 통합과 화합을 이끌어 내는 것이 보수다. 보수는 말 안 통하는 불통 세력이 아니다. 보수는 원칙을 중시하는 법치주의를 바탕으로 한 합리와 균형의 세력이어야 한다.

그러기 위해서는 먼저 보수의 적폐를 청산해야 한다. 지역주의와 세대 갈등 조장, 안보 장사와 색깔론, 계파주의와 불통, 친재벌과 정경유착, 부정부패와 도덕 불감증 , 특권의식, 권위주의, 갑질 횡포, 공약 파기와 정책 무능을 해소하지 않고서는 보수의 메시지를 제대로 전달할 수 없다. 아무리 좋은 메시지를 발신한다고 해도 메신저가 부패하고 무능하면 의미가 없다. 예컨대, 성차별과 막말을 일삼는 정치인이 보수의 대변자를 자처한다면 보수의 법치주의는 설득력을 잃을 수밖에 없다. 진보 세력을 공산주의자, 빨갱이로 매도하면서 표를 얻으려는 갈등 조장의 정치는 보수가 목표로 삼는 사회의 안정과는 거리가 멀다.

내가 정치를 해온 지난 30년 동안 보수는 한국 정치, 경제, 사회 발전을 이끈 정치 세력이었다. 민주화 이후 보수 세력의 출발점이라고 할 수 있는 김영삼 전 대통령만 떠올려도 충분하다.

김 전 대통령은 군부 독재 정권의 강압적 권위주의를 타파하고 친근한 대통령, 국민에 봉사하는 공무원으로서의 대통령 개념을 처음으로 제시했다. 감히 이름도 부를 수 없는 황제 대통령이 아니었다. 경상도 사투리 탓에 부정확한 발음을 놀리는 우스갯소리가 시중에 돌아다녀도, 그런 개그를 모은 책이 나와도 괜찮은, 격의 없는 대통령이었다.

전광석화라는 표현이 딱 들어맞는 전격적인 기득권 타파 조치는 한국 사회의 틀을 바꿔 놓았다. 군부 사조직인 하나회 인맥을 뿌리 뽑은 척결 조치는 취임 12일 만에 시작돼 단 3개월에 마무리됐다. 군 간부들 사이에서 "탱크에 부딪힌 것 같았다"는 반응이 나올 정도로 강력한 조치였다. 군과 정치의 분리는 당시로선 충격적이었던 하나회 척결 조치가 아니었다면 불가능했다.

금융실명제 도입은 부유층 기득권의 엄청난 반발에 굴하지 않았기에 가능했던 혁신이었다. 김 전 대통령은 취임 첫해인 1993년 8월 12일, 은행 업무가 끝난 저녁 7시 45분에 직접 기자 회견을 열고 '대통령 긴급 재정경제명령'을 발표하면서 금융실명제를 전격 도입했다. 차명 계좌에 돈을 숨겨 놓은 사람들은 돈을 찾을 새도 없이 실명제 조치를 맞았다. 모든 금융 거래는 실명으로 해야 한다는 너무도 당연한 원칙은 이렇게 기득권과의 투쟁을 통해 확립되었다.

지방자치단체장 직선제 도입은 권력 분산과 국민 참여라는 민주주의의 원칙을 바로 세우는 조치였다. 집권 3년 차였던 1995년 6월 당시 집권 여당인 민주자유당이 참패하는 결과가 예상됐는데도 지방 자치를 도입한 것은, 이해득실이 아니라 원칙을 우선한 결정이었다.

김 전 대통령의 업적은 보수의 철학을 보여 주고 있다. 첫째는, 부패한 기득권을 배격하고 국민을 우선하는 혁신이다. 하나회 척결과 금융실명제는 국민이 선출한 정치 지도자 위에 군림하려 했던 군부 기득권, 부정하게 축재한 돈을 숨겨 놓고 탈세와 불법을 일삼은 부패한 자산가들에게는 엄청난 충격이었지만, 다수의 국민들에게는 깨끗한 민주주의 국가로 발전하는 초석으로 손꼽히는 정책들이다. 지방 자치 부활 역시 집권 여당 정치인들에게는 유리할 게 없었지만, 지방자치단체장 선출권을 국민에게 돌려줬다는 점에서 의미가 컸다.

둘째는, 원칙을 지키기 위한 변화다. 위의 세 가지 조치는 '급진적'이라는 비판을 받았을 정도로 우리 사회에 큰 파장을 일으킨 엄청난 변화였다. 그러나 그와 동시에, 선출된 권력이 통치한다는 민주주의의 원칙, 자본의 투명한 거래를 통해 납세의 의무를 다하는 시장 경제의 원칙, 중앙 집중 권력의 지방 분산에 따른 견제와 균형의 민주주의 원칙을 바로 세우는 계기였다.

바꾸지 않는 것이 보수가 아니다. 바꾸되 원칙을 지키는 것이 보수다. 민주주의, 시장 경제, 안보라는 보수의 가치를 지키기 위한 혁신은 계속되어야 한다. 그러한 혁신을 해내지 못했기 때문에 보수는 궤멸한 것이다.

180여 년이라는 긴 시간 동안 당명 한 번 바꾸지 않고 전통을 이어 오고 있는 영국의 보수당에서 배워야 한다. 영국 보수당은 국민의 생활을 개선하기 위한 복지 정책을 도입하는 등 당대의 사회 변화를 읽어 냈고, 기민하게 대응했다. 강원택 서울대 정치학과 교수는 보수당의 생존 배경으로 실용성과 적응력을 꼽는다. 진보 정당이 집권해 급격한 변화가 일어나는 것을 원치 않았기 때문에 '강력하고 현실적인 권력 의지'를 갖고 있었고, 이러한 의지가 곧 사회적 변화에 대한 유연함으로 이어졌다는 것이다.

영국사 전문가인 박지향 서울대 서양사학과 교수는 보수당의 강점을 '개혁과 변신' 그리고 '가치와 원칙'이라고 말한다. 박 교수는 "보수당은 최초의 유대인 총리와 최초의 여성 총리를 배출하고, 19세기 산업화 이후 빈부 격차가 심해지자 엘리트의 책임 의식, 약자에 대한 배려를 강조했다"며 "영국 보수당은 자신들이 가진 핵심 원칙을 버린 적이 없고 그 원칙이 다소 국민들에게 오해의 소지가 있더라도 밀고 나갔다. 지속적으로 국민들에게 이해시키고 설득하려는 노력을 해왔다"고 지적한다.

보수라는 이념 자체는 문제가 아니다. 시대 변화와 국민의 요구를 반영하지 못하고 혁신하지 않는 수구, 원칙이 불분명한 기회주의자와 기득권 세력이 문제다.

보수의 진정성

김영삼 정부 이후에도 보수의 혁신은 있었다. 다만 김 전 대통령과 같은 리더가 주도하는 혁신이 아니라, 정치 신인들의 투쟁이었다는 점에서 한계가 있었다. 2000년 국회의원에 당선된 나를 비롯한 초선 의원들의 정치 개혁 운동은 선거법 개정이라는 성과를 냈다. 고비용 선거 구조의 개선과 깨끗한 정치의 토대를 닦은 법안들이다. 총재 중심으로 운영되던 비민주적 정당 구조의 개혁도 젊은 정치인들의 주도로 이뤄졌다. 박근혜 전 대통령의 개혁적 이미지를 만드는 데

일조한 당사 국고 헌납과 '천막 당사' 역시 우리 초, 재선 의원들의 제안으로 이뤄진 일이다.

　　그러나 변화를 부르짖는 정치인들은 보수 정당의 일부에 불과했다. 나를 포함해 '소장파'로 불린 젊은 정치인들은 끊임없이 젊은 층과 소통하고 변화하려 노력했다. 그러나 결국 변화의 몸부림은 이회창 총재, 박근혜 대표 같은 유력 정치인의 이미지를 쇄신하는 액세서리로 활용되는 데 그쳤을 뿐만 아니라 그들의 기득권 유지 도구로 전락하고 말았다. 변화의 움직임이 보수 정당 전반으로 퍼져 나가지 못했기 때문에 보수는 기득권, 부패, 무능 세력의 동의어가 되고 말았다.

　　박근혜 전 대통령의 측근 비리 사태는 보수가 궤멸하는 결정적 사건이었다. 민주주의 정치 제도의 근간을 훼손하는 비선 실세의 국정 농단 사건과 국민적 분노는 보수 정치의 궤멸을 가져왔다. 그럼에도 다수의 새누리당 소속 의원들은 현상 유지에 급급했다. 당 지도부는 야당과의 공동 정부 구성, 중립 내각 구성이라는 대응책이 무산된 상황에서도 아무런 조치를 취하지 않고 무기력하게 대응했다.

　　그러나 아이로니컬하게도 이러한 위기 대응 과정은 보수 정당 내부의 혁신 세력과 기득권 세력을 가르는 계기가 되었다. 위기의 파도가 몰아닥쳤는데도 변화하지 않으려는 기득권 세력이 수면 위로 드러난 셈이다.

　　대통령 탄핵은 그 누구도 원치 않는 일이다. 나 역시

마찬가지였다. 그러나 보수가 궤멸되는 상황을 방관하고 있을 수만은 없었다. 순간을 모면해서 해결될 일이 아니라면, 진짜 보수를 재건하고 다시 국민의 선택을 기다리는 길밖에는 없다는 것이 나의 결론이었다. 노무현 전 대통령 탄핵의 경험으로 탄핵이 몰고 오는 정치적 역풍을 알고 있는 보수 정치인들이기에, 대통령 탄핵이라는 중차대한 결정을 내리는 과정은 더욱 쉽지 않았다. 국회의원 배지 한 번 더 달겠다는 식의 이해득실을 생각했다면 탄핵에 나설 수가 없었다. 모든 기득권을 내려놓고 원점에서 시작하겠다는 각오가 없이는 대통령 탄핵은 주도할 수 없는 일이었다.

당시 집권 여당 새누리당에서 대통령 탄핵안에 찬성한 의원들이 분당해 바른정당을 창당한 것도 필연적인 선택이었다. 보수 정치를 재건하겠다는 의지, 보수 정치에 대한 철학을 공유하지 않는 사람들이 어떻게 같이 정당을 꾸려 정치를 할 수 있겠는가. 우리는 정치 신인의 초심으로 돌아가 근본적인 질문을 던졌고, 대통령 탄핵과 바른정당 창당이라는 답을 내렸다.

바른정당의 당면 과제는 진정성을 보이는 일이다. 박근혜 정권 탄생에 기여했고, 스스로 창출한 정권의 대통령을 탄핵했다는 원죄를 안고 있는 우리가 국민의 마음을 얻기 위해서는 진실된 모습을 보이는 수밖에 없다. 달라지겠다는 약속만으로는 부족하다. 새누리당에서 당명을 변경한 자유한국당과 차별화할 수 있는 진짜 보수의 철학을 보여 주는 것이 중요하다.

바른정당 유승민 후보가 토론회를 통해 보여 준 온전한 민주주의, 공정한 시장 경제라는 보수 철학은 곧 바른정당의 진정성이었다. 그동안 보수는 안보를 득표 전략으로 이용하면서 국민을 우롱했다. 안보 자체를 목적으로 삼아 보수표 결집에 활용한 것이다. 그러나 진짜 보수는 원칙을 중시하는 변화의 세력이어야 한다. 민주주의 체제를 수호하기 위한 안보는 중요하지만, 안보 정책의 수립 과정이 비민주적이어서는 안 된다. 비민주적인 의사 결정이 용인되는 것 자체가 민주주의 체제를 위협하는 적이기 때문이다.

시장 경제가 정상적으로 작동하지 못할 정도의 심각한 양극화, 불평등 사회에서, 무조건적인 경쟁 원리는 적합하지 않다. 시장 경제를 지키려는 보수라면, 재벌과 기득권 세력의 유지에 활용되는 비정상적 경제 시스템을 개선하는 경제민주화, 더불어 사는 공동체를 유지해 나갈 수 있는 따뜻한 경제를 추구해야 한다. 사회 불안을 야기하는 극단적 불평등 구조를 바로잡지 않으면 우리 사회의 존속이 위협받게 되고, 결국 우리가 지키고자 하는 자유 민주주의와 시장 경제의 대한민국도 무너지게 된다. 그래서 경제민주화는 좌파의 논리가 아니다. 경제민주화는 지속 가능한 자본주의 사회를 만들기 위한 보완책이지, 시장 경제의 원칙을 무너뜨리는 포퓰리즘이 아니다.

왜 보수여야 하는가

점진적인 변화를 통해 사회 안정과 발전을 추구하는 것이 보수다. 반면 급진적인 변화를 추구하는 진보는 보수에 비해 변화의 속도가 빠르다고 할 수 있다.

이러한 차이를 바탕으로, 나는 지난 30년간 우리 국민들에게 보수 정당을, 보수 정치인을 선택해 달라고 호소해 왔다. 그 이유는 크게 두 가지다.

우선, 남북 분단이라는 현실을 고려해야 한다. 대한민국은 북한 사회주의 세력과 대치하고 있는 휴전 국가다. 이것이 색깔론 공세를 떠나서 명확히 인식해야 할 우리의 현실이다. 전쟁과 공산화의 위협으로부터 자유로운 나라들은 사회 시스템의 급격한 변화가 일어난다고 해도 수습할 시간이 있다. 그러나 우리는 사회의 불안이 곧 사회의 붕괴로 이어질 수도 있는 불안한 상황에 놓여 있다. 대한민국의 정치는 국민의 안전과 평화를 위해 사회의 안정성을 무엇보다 우선시해야 한다.

둘째로, 지난 30년의 정치 경험을 통해, 나는 진보 정치인들이 원론에 빠져 현실을 외면하는 경우를 종종 봐왔다.

원론에 매몰된 시각은 정책의 결정, 평가 과정을 왜곡한다. 4대강 사업을 둘러싼 논란이 대표적인 예다. 진보는 환경을 있는 그대로 보전해야 한다고 주장하고, 보수는 제대로 환경을 보전하기 위해 필요하다면 추가적인 조치를 취해야 한다는 입장이다. 보수의 시각에서 4대강 사업은 생태계를 파괴한 것이 아니라, 지속 가능한 관리를 위한 정비 사업이다. 물 부족을 해결하기 위해 수자원을 관리하고, 홍수를 막기 위해 수량을 관리하는 것이 핵심 목적이었다.

그러나 진보는 자연 상태의 환경을 그대로 두지 않았다며 4대강 사업으로 녹조가 심각해졌다는 비판을 하고 있다. 녹조는 물이 있기 때문에 발생한 것이다. 바싹 말라 있는 강에 녹조가 생길 리 만무하다. 녹조를 없애겠다고 보를 철거하면, 부족한 물은 어디서 가져올 것인가. 수자원 관리에 대한 대안을 내놓지 않고, 4대강 사업의 부작용인 녹조 문제만 부각시키는 것은 비판을 위한 비판에 지나지 않는다.

행정부와 공공 기관 지방 이전의 실패 사례 역시 '권력 분산'이라는 원론적 목표를 추종한 결과다. 청와대와 국회는 서울에 있고, 정부 청사와 공공 기관만 지방으로 이전하면서 공무원들의 교통비로 낭비되는 예산이 엄청나다. 세종특별자치시 이주가 시작된 2013년 이후 정부 세종청사 중앙 부처의 출장비는 연간 200억 원에 달한다. 주말을 제외하고 평일만 단순 계산을 해도 하루 평균 7700만 원이 길거리에 버려지고 있는 셈이다.

그렇다고 지방을 살리고 권력을 분산시키는 실질적인 효과가 나타나고 있는 것도 아니다. 지방으로 이전한 공공 기관 중에는 전체 직원의 30퍼센트 이상이 퇴사한 곳도 있다. 교육, 문화가 수도권에 집중되어 있는 상황에서 직장만 지방으로 옮겨 놓으니, 정작 사람은 이동하지 않는 것이다.

그럼에도 보수의 주장은 국민의 지지를 얻지 못했다. 보수 정치권의 정책이나 시각은 무조건 기득권의 논리, 재벌을 옹호하는 논리로 매도당했다. 앞서 언급한 적폐들로 인해 국민의 신뢰를 잃은 탓이다.

나는 깨끗하고 바른 보수, 진정성 있는 보수라면, 국민의 지지를 받을 수 있다고 믿는다. 개인의 자유, 전통과 유산을 지켜 내는 신념으로 대표되는 건강한 가치를 수호하는 것이 보수이기 때문이다. 그러기 위해서는 먼저 국민의 신뢰를 회복해야 한다. 보수가 그동안의 과오를 솔직하게 반성하고, 기득권을 내려놓는 일이 그 출발점이 될 것이다.

송복 / 연세대 명예교수

현 정권(박근혜 정부)의 실패는 보수의 실패가 아니라 '사이비 보수'의 실패다. 보수에는 4대 원칙이 있다. 과거 경험을 중시하고, 끊임없이 잘못된 것을 보수(補修)하며, 도덕성이 높고, 성실하다는 점이다. 반대로 진보는 이성적이고 급진적이며, 이상과 비전을 추구하는 성향이 강하다. 지금의 소위 '보수 정치 세력'은 과거 경험을 무시하고, 도덕성과 성실성에서 낙제점을 면치 못하고 있다는 점에서 사이비일 뿐이다.

손봉호 / 고신대 석좌교수

국가라는 것이 왜 존재하느냐. 나는 정의가 국가의 기본이라고 생각한다. 경제도, 문화도, 교육도 중요하다. 그러나 그 모든 것의 기본은 정의다. 진정한 질서는 정의로워야 한다. 약한 사람이 억울함을 당하지 않아야 한다. 도덕성이 파괴되면 반드시 약한 사람이 피해자가 된다.

8장

다시 쓰는 개혁 보수

개혁보수신당

　　고백하자면, 나는 박근혜 전 대통령의 탄핵을 반대했던 사람이었다. 지난해 10월 말, 최순실 비리 사건이 언론에 보도되고 논란이 확산된 당시만 해도, 나는 대통령이 스스로 물러나는 길을 선택하는 것이 국정 안정을 위한 최선의 선택이라고 믿었다. 그러나 상황은 나를 막다른 골목으로 몰고 갔다. 이정현 당시 새누리당 대표를 중심으로 한 친박 인사들의 비상식적인 대통령 엄호 행태, 잘못을 부인하고 무책임으로 일관하는 박 전 대통령의 대국민 담화는 '질서 있는 퇴진'이라는 나의 마지막 희망마저도 앗아가 버렸다. 더 고민할 것도 없었다. 아무런 역할도 할 수 없는 식물 대통령을 방치하는 것보다는, 탄핵이라는 민주적 절차를 거쳐 국정을 정상화하는 편이 옳다는 결론에 도달했다.

　　탄핵 가결에 필요한 의석수는 200석이다. 야당과 무소속 의원 수를 합한 172명을 제외하고도 28명이 더 필요하다. 나를 포함한 새누리당 의원들이 참여하지 않으면 탄핵은 부결되고 오히려 역풍을 맞게 될 위험이 컸다. 치밀한 준비가 필요했다.

　　나는 탄핵을 가장 먼저 주장했던 김무성 의원과 당내 개혁을 강조해 온 유승민 의원을 만나, 의원들을 설득하는 작업을 논의했다. 개혁 성향의 의원들을 중심으로 명단을 작성하고 김, 유 의원과 함께 의원들을 접촉하기 시작했다. 각자 만난 결과를 종합하고 의사를 평가해 찬성, 반대, 보류로 표기하고, 한 사람이라도 더 설득하기 위해 뛰었다. 박 전 대통령과 친박 세력을 제거해야 한다는 식의 감정적 패권 싸움은 아니었다. 우리는 지지율 5퍼센트의 식물 대통령이 하루빨리 물러나는 것이 초유의 국정 공백 사태를 막는 유일한 방법이라고 믿었다.

　　탄핵 소추안 표결일이 12월 2일에서 9일로 미뤄진 것도, 28명 이상의 새누리당 의원들을 규합하기 위해서였다. 12월 1일 더불어민주당, 국민의당, 새누리당 비박계가 모인 3당 중진회의에서 표결일을 미루자고 제안한 것은 탄핵을 하지 않겠다는 뜻이 아니었다. 한 사람이라도 더 확실한 찬성표를 모아야 한다는 절박함 때문이었다.

　　그러나 더불어민주당 추미애 대표는 2일 표결을 고집하면서 새누리당이 탄핵 표결에 동참하려는 의사가 없다고 비난하고 나섰다. 국민의당 박지원 비상대책위원장은 표결일을 9일로 연기하자는 우리의 뜻에 동의했다가 여론의 거센 비난에 직면했다. 탄핵 의지가 없는 새누리당의 뜻에 동조하느냐는 '문자 폭탄'이 쏟아진 것이다. 결국, 더불어민주당과 국민의당은 5일에 표결하는 중재안을 만들었다. 그러나 실제 표결일은 당초 우리의 제안대로 9일로 결정됐다. 새누리당 의원들의 찬성 없이는 탄핵 소추안을 통과시킬 수 없는 것이 엄연한 현실이었다.

12월 9일 박근혜 대통령에 대한 탄핵 소추안이 가결되었다. 가결 기준인 200명보다 34명 많은 234명의 찬성이었다. 새누리당에서 최소 62명이 찬성한 결과다. 우리가 목표로 한 35명에 비해 훨씬 많은 숫자였다.

탄핵은 새누리당 개혁 논의의 기폭제가 됐다. 탄핵 직후 첫 일요일인 12월 11일부터 비상시국회의가 열렸다. 회의에서는 새누리당을 원점에서부터 개혁하자는 의견과 당을 해체하고 새롭게 출발하자는 의견이 맞붙었다.

그러다 당의 재건을 위해 비상대책위원회를 꾸리고 원내대표를 새롭게 선출하자는 제안이 나왔다. 나는 개혁을 원하는 우리가 친박계가 주도하는 원내대표 선거에 출마해서는 안 된다는 입장이었지만, 개혁을 도모하기 위해 원내대표 선거에 참여해야 한다는 내부 여론에 밀렸다. 결국 비상시국회의는 나경원 의원을 원내대표 후보로 추천했다. 결과는 실패였다. 친박계 정우택 의원이 원내대표에 당선되면서 개혁파는 주도권을 잃었다. 우리의 마지막 요구는 당의 개혁을 이끌 비상대책위원장으로 유승민 의원을 추대하자는 것이었다. 친박계는 이를 거절했다. 더 이상 당내에서 할 수 있는 일이 없었다.

마침내 12월 27일, 나와 김무성, 유승민 의원을 포함한 개혁파 29인은 새누리당을 탈당하고 개혁보수신당의 창당을 선언했다.

　　김영삼 전 대통령의 비서로 정계에 입문한 나는 통일민주당, 민주자유당, 신한국당, 한나라당, 새누리당으로 이어지는 보수 정당에서 정치를 했다. 그런 만큼 탈당과 창당의 결정은 쉽지 않았다. 그러나 희망이 없었기에 떠날 수밖에 없었다. 새누리당은 자기 손으로 만든 대통령을 탄핵해야 했고, 보수는 궤멸되는 상황에 처했다. 박근혜 대통령과 새누리당은 보수의 대변자로서 자격을 상실했다.

　　나 역시 보수 궤멸의 책임에서 자유롭지 않다. 30년이라는 세월 동안 끊임없이 개혁하려 노력했지만, 나의 개혁은 결과적으로 기득권 구태 보수의 생명을 연장하는 일로 귀결되고 말았던 것이다. 이대로는 안 된다고 생각했다. 보수 정치의 원점으로 돌아가야 하는 상황이었다. 모든 기득권을 내려놓고 새롭게 출발하기 위해서는 새로운 가치 중심의 보수 정당이 필요했다. 신당 창당 선언문에는 나의 목표와 꿈이 고스란히 담겨 있다.

　　"개혁보수신당은 보수를 지지하는 분들이 당당하고 떳떳하게 보수임을 말할 수 있도록 보수 가치를 바로 세우는 공당이 되겠습니다. 저희가 가는 길은 대통령 탄핵이라는 국가적 불행을 민주주의 발전과 국가 혁신의 계기로 만드는 유일한 길이 될 것입니다."

험난한 개혁의 길

개혁보수신당은 창당을 선언한 직후, 새누리당을 누르고 정당 지지율 2위를 기록할 정도로 많은 관심을 받았다. 지난해 12월 22일 발표된 리얼미터의 여론 조사에서 정당 지지율은 더불어민주당 30.3퍼센트, '비박계 신당' 18.7퍼센트, '친박계 정당' 13.2퍼센트, 국민의당 10.5퍼센트, 정의당 4.7퍼센트였다.

그러나 함께 탈당하기로 했던 한 동료 의원이 새누리당 잔류를 결정하면서 신당을 '유승민 패권정당'이라고 비판해 창당 열기에 찬물을 끼얹었다. 친박 패권과 패거리 부패 정치를 타파하기 위해 만들어진 정당이었지만 '패권' 오명이 씌워지자, 지지율은 추락했다.

비상시국회의에서 중심적 역할을 한 의원의 돌연한 불참에 대해 정치권에서는 많은 억측이 나돌았다. 신당에서 원내대표를 맡지 못하게 되자 신당 합류 의사를 철회했다는 얘기도 있었다. 그만큼 그의 불참은 충격이었다.

자유한국당의 대선 후보로 출마한 홍준표 전 경남지사도 신당 창당 당시 측근을 통해 합류 의사를 밝혔었다. 홍 전 지사는 당시 2월 16일 정치자금법 위반 혐의 항소심 재판을 앞두고 있었는데, 재판에서 무죄 판결을 받으면 합류하겠다는 의사를 전해 왔다. 그러나 그대로 자유한국당에 남아 버렸다. 친박을 몰아낼 테니 그 이후에 당을 합치자고 했다는 이야기를 들었지만, 믿지는 않았다. '양아치 친박'이라고 친박을 강도 높게 비판하면서 호기롭게 자유한국당에 남았지만, 결과는 내 예상대로였다. 자유한국당에서 친박을 몰아내기는커녕, 친박과 그 지지층에 기대어 대선에 출마하고 20퍼센트대 지지율을 받았다는 것에 만족하는 모양새다. 나는 이것이 바로 가짜 보수의 한계라고 생각한다. 주머니 속의 한 줌 권력을 버리지 못하고, 구태를 반복하는 것이다.

내가 탈당을 결행한 바로 전날까지 정치 개혁을 위한 비상시국회의에 참여했던 한 정치 선배의 변해 버린 모습은 허탈하기까지 했다. 내가 존경하고 따랐던 그분은, 정치 비전을 공유하고 있다고 믿었던 동료이기도 했다. 그런 선배가 태극기 집회에 나가 박 전 대통령을 옹호하는 모습은 당황스럽기만 했다. 정치가 이렇게 허망한 것인가 싶었다. 이렇게 쉽게 철학과 가치가 바뀌어 버리는 것인가. 이런 것이 우리 정치의 현실인가. 씁쓸함을 지울 수가 없다.

창당 선언문에서 밝힌 정당 내부의 '민주적 의사 결정'을 위해 당헌 당규를 논의하는 회의 등을 전면 공개한 것도 악재가 되어 돌아왔다. 언론은 서로 다른 의견이 오가는 논의의 장을 혼선과 갈등으로 묘사했다. 위에서 내려오는 당론에 따라 일사불란하게 움직이는 정당의 구태를 타파하고자 한 것이, 무능과 준비 부족으로 매도당하는 분위기였다.

의사 결정의 과정은 보려고 하지 않고 결정된 결과만 보려고 하는 것이 우리 정치권 안팎의 문화였던 것이다. 여러 사람의 의견이 모이는 과정에서는 시끄러워지고 잡음도 발생할 수 있다. 그러나 그러한 과정이 민주주의를 성숙하게 만드는 것이라고 우리는 믿고 있다. 국민과 당원의 뜻을 전달하고 반영하는 일이 어떻게 만인의 찬성과 동의로 이뤄질 수 있겠는가.

대선을 치르는 과정에서는 13명의 의원이 탈당해 새누리당의 후신인 자유한국당에 입당하는 홍역을 치렀다. 정치인 개개인의 선택이니 평가하거나 비판할 일은 아니라고 생각한다. 다만, 곰도 100일을 참아야 사람이 된다는데, 어떻게 100일도 되지 않은 정당에서 성과가 없다고 그냥 떠나버릴 수 있는가 하는 허탈함은 있었다. 동시에 인내해야 한다는 의지를 다시 한번 다지는 계기가 됐다.

민주화 이후 30년 동안 없었던 정당 개혁, 정치 개혁은 쉽지 않은 일이다.

개혁 보수의 미래

개혁보수신당은 바른정당이라는 이름으로 공식 창당됐다. 바른정당은 인물이나 지역 중심의 패거리 정당에서 벗어나, 철학과 가치를 공유하는 정당이다. 당 대표 중심이 아니라 당원이 중심이 되어 의사를 결정하는 민주적 구조의 정당이다. 당 소속 의원 전체가 일치 단결돼 법안 표결에 임하는 당론도 최소화하는 것이 목표다. 의원 개개인, 당원 개개인이 동등한 위치에서 각자의 의견을 교환하는 것이 바른정당의 지향점이다.

많은 분들이 묻는다. 당장 내년인 2018년 지방 선거는 어떻게 할 것이냐고. 솔직하게, 나도 정말 걱정이 된다. 지역 기반이나 대형 스타 정치인을 내세우지 않는 우리 정당의 구조가 유권자들에게 어떻게 받아들여질지 가늠할 수 없기 때문이다.

그러나 분명한 것은 바른정당의 현재는 우리 한국 정치의 미래라는 것이다. 미래의 정치는 소통과 공감, 협력으로 이뤄질 것이다. 그것을 확신하기에, 나는 바른정당의 성공을 믿어 의심치 않는다. 물론 당장 내년 선거에서 승리하고, 다음 번 국회의원 선거에서 승리하는 것이 쉬운 일은 아니다. 역사상 유례가 없는 새로운 정치 실험이 몇 년 만에 국민의 마음을 파고들기는 쉽지 않을 것이다. 하지만 나는 인내하고 극복할 것이다. 참고 이겨 내지 않으면, 대한민국 정치는 바뀌지 않는다.

광장의 보수, 혁신의 보수

한 달에 한 번, '당번'이 돌아온다. 당사로 출근해서 당무를 살피는 날이다. 집무실은 당사 한편의 회의실이다. 빈자리에 앉아 가져온 노트북으로 자료를 보면서, 당사를 찾는 시민들을 만나 의견을 듣는다.

우리 당 국회의원들과 원외 위원장들은 조를 짜서 돌아가며 당사로 출근한다. 매일매일 출근하는 사람이 다르니, 당 대표실 같은 별도의 공간이 없다. 으레 있어야 하는 것으로 생각했던 널찍한 당 대표실과 당직자 사무실 없이도 아무런 지장이 없다.

당사의 회의실과 기자실 사이의 공간은 차를 마시고 담소를 나눌 수 있는 카페테리아로 완전히 개방돼 있다. '바른 광장'이라고 불리는 이곳에서는 당 대표든, 당직자든, 우리 당의 지지자든 아무런 칸막이 없이 만나고 이야기한다.

달라진 환경 속에서, 나는 새로운 소통의 장이 열리고 있음을 깨닫고 있다. 언제든, 어디서든 대화를 나눌 수 있으니 시간도, 공간도 절약된다. 뻥 뚫린 공간에서 수시로 다양한 사람들과 얼굴을 마주하면서 허례허식과 격의가 없어지는 것을 느낄 수 있다.

바른정당은 지난 2017년 1월 5일 발기인 대회를 거쳐 1월 24일 창당된 신생 정당이다. 박근혜 전 대통령의 탄핵 이후 분당 선언을 하고, 당이 만들어지기까지 불과 3주 정도밖에 걸리지 않았다. 그렇다고 얼렁뚱땅 허술하게 만든 정당은 결코 아니다. 우리는 그 3주간 하루도 거르지 않고 매일 아침저녁으로 모여 토론을 벌였다. 국회의원, 원외 위원장, 당원들이 모두 참여해 당헌 당규, 정강 정책을 만들고 당의 철학을 세웠다. 많을 때는 60명 정도가 참여해 논의를 벌였을 정도로 모든 구성원이 치열하게 창당 작업에 임했다.

딩명은 당원은 물론 일반 국민과 출입 기자들까지 참여해 논의를 거친 끝에 결정했다. '바른'은 우리의 정치 철학인 보수를 의미함과 동시에 올바른, 깨끗한 정치를 하겠다는 포부를 담은 이름이다.

이렇게 당원의 손으로, 당원의 철학으로 만든 정당이기에 우리 당의 모든 것은 공공재다. 당 대표만을 위한 공간이 없는 것도 그러한 이유에서다. 투명한 정당, 모두를 위한 정당이 되겠다는 것이 우리 당의 창당 정신이다.

창당 두 달 만인 3월 28일, 유승민 의원이 우리 당의 대통령 선거 후보로 선출됐다. 신생 정당으로서 대선을 치르는 과정이 쉽지만은 않았다. 두 달이라는 기간은 우리의 철학을 국민에 전달하고 호소하기에는 너무나 짧았다.

전국 규모의 선거를 치러야 하는데 자금은 새누리당 시절과 비교하면 10분의 1 수준으로 줄었다. 더불어민주당, 자유한국당이 500억 원을 쓴다고 하면, 우리는 50억 원밖에는 없었다. 후보 경선 방법부터 개선이 필요했다. 기존의 대규모 체육관 경선을 치르기에는 여유가 없었기 때문이다. 사람을 동원하지 않고 주목을 받을 방법을 고심하다 생각해 낸 것이 스탠딩 토론과 온라인 생중계다. 후보들이 맞붙어서 치열하게 토론을 하고, 그 토론을 실시간으로 공개할 수 있다면 대규모 경선은 필요가 없었다. 실제로 바른정당의 스탠딩 토론은 경선 내내 당 안팎의 주목을 받았다. 중앙선거관리위원회가 대선 후보 토론회에서 우리 당의 방식을 벤치마킹한 스탠딩 토론을 도입했을 정도였다.

그러나 후보를 결정한 이후의 선거 운동 과정은 녹록치 않았다. 유세차를 빌릴 여유가 없어 전국에 단 17대의 차량만 운영했다. 선거 운동원들은 정당 로고가 찍힌 유니폼 대신 집에서 입던 하늘색 셔츠를 입고 길거리로 나갔다. 선거 공보물은 다른 당의 절반 분량인 8페이지로 줄여야 했다. 대신 페이스북 같은 SNS를 통한 온라인 홍보에 주력했다. 후보의 선거 유세를 실시간으로 중계하고, 토론회 장면도 편집해서 공개했다.

어쩔 수 없이 선택한 '돈 안 드는 선거' 전략은 선거 운동의 구태를 개선하는 계기가 됐다. 관성적으로 해오던 유인물 배포, 지지자 동원이 없어도, 토론회와 온라인 홍보로 후보에 대한 관심도를 높일 수 있었다. 유승민 후보는 6.76퍼센트의 득표율로 낙선했지만, 그동안 보수 정치인에 비판적이었던 젊은 층의 지지를 이끌어 내는 데에는 성공했다. 방송 3사 출구 조사에 따르면, 유 후보는 20대 유권자 13.2퍼센트의 지지를 얻어 3위를 기록했다.

바른정당을 통해 나는 정치 초년생의 마음으로 돌아가 새로운 정치를 시작하고 있다. 의석수 20석의 작은 정당에서 비우는 정치의 가치를 새삼 깨달아 가고 있다. 중요한 것은 호화로운 대표실이 아니라, 국민 누구나 언제든 들를 수 있는 열린 광장과도 같은 정당이었다. 체육관에 모여 환호하는 수만 명의 지지자 이상으로 소중한 것이 바른정당의 페이스북 생중계에 참여해 주는 시민 한 사람이었다.

개혁 보수는 기득권을 내려놓는다는 선언만으로 만들어지는 것이 아니다. 그동안 정치권에서 당연시해 왔던 관행을 다시 살펴보고 개선안을 내놓는 일부터 시작해야 한다. 그리고 무엇보다 그 변화의 진정성이 국민의 마음에 닿을 때까지 멈추지 않고 행동해야 한다.

이문열 / 소설가

따라서 이 땅의 보수의 길은 하나밖에 없다. 죽어라, 죽기 전에. 그래서 진정한 보수의 가치와 이상을 담보할 새로운 정신으로 태어나 힘들여 자라 가기를. 이 땅이 보수 세력 없이 통일되는 날이 오기 전에 다시 너희 시대를 만들 수 있기를.

정병국 / 제16 · 17 · 18 · 19 · 20대 국회의원

부족하더라도 굶는이 없는 나라, 돈이 없어 치료의 기회를 박탈당하는 사람이 없는 나라, 불평등한 교육 기회로 신분의 사다리 앞에서 좌절하는 사람이 없는 나라, 청년들이 사랑하는 사람과 가정을 꾸리고 아기와 함께 꿈을 꿀 수 있는 나라, 풍족하진 않지만 내가 노력한 만큼 벌 수 있다는 믿음을 주는 나라, 자식에게 유산을 남겨 줄순 없더라도 빚은 남겨 주지 않아야 한다는 간절한 부모의 소망이 이뤄지는 나라, 내가 낸 세금이 공정한 기준과 철저한 감시 속에 사회 공공선을 위해 사용된다는 믿음이 있는 나라, 실패하더라도 다시 일어설 수 있는 기회가 주어지는 나라, 무슨 일이 있더라도 국민의 안전과 생명을 지켜 줄 수 있다는 확신이 있는 나라, 세계 어디를 가더라도 "이 나라가 내 나라입니다!"라고 자랑스럽게 말할 수 있는 대한민국! 이것이 바로 공정 국가이자, 정의 사회입니다!

에필로그

그래서 나는 개혁 보수를 택했다

이제 유권자들은 기득권에 안주하고 국민 위에 군림하는 과거의 정치를 거부하고 있다. 미국 정치권의 아웃사이더였던 도널드 트럼프 대통령, 신생 정당 앙마르슈를 의석수 제로에서 351석의 절대 다수당으로 키워 낸 에마뉘엘 마크롱 프랑스 대통령은 기득권 정치의 시대에 종언을 고하고 있다. '트럼프 현상', '마크롱 현상'은 기성 정치권의 위선을 택하느니, 거칠더라도 진솔해 보이는 사람, 변화를 외치는 정치 신예를 뽑겠다는 유권자의 선택이다.

이러한 세계 정치의 변화는 우리 정치의 위기와도 맞닿아 있다. 적폐 세력으로 지목된 보수의 이면에는 위선적인 기득권 세력이 있다. 앞에서는 변화를 외치면서 뒤로는 구태를 거듭하는 부패 세력이 있다.

보수는 더 이상 고정 지지층에 안주하는 편 가르기 정치만으로 생존할 수 없다. 위선을 버리고, 기득권을 내려놓지 않는다면 보수는 궤멸하고 말 것이다. 국민은 보수 정치가 자유 민주주의와 시장 경제의 원칙으로 돌아가 다시 태어날 것을 요구하고 있다. 보수의 신생을 요청하고 있는 것이다.

보수 정치는 더불어 잘사는 사회를 만들고, 지금보다 나은 유산을 우리 아이들에게 물려주기 위해 분투하는 세력이어야 한다. 영국의 대표적인 보수 지식인 로저 스크러튼은 보수주의를 '애착의 철학'이라고 표현한다. 우리가 사랑하는 것에 연연하고, 그것의 쇠락을 막고자 하는 것이 보수라고 말

한다. 그렇다. 보수는 지금 당장의 만족을 위해 다음 세대에 비용을 떠넘기지 않아야 한다. 현 세대의 자유가 후대에도 이어질 수 있는 토대를 만들어야 한다.

　　그래서 나는 개혁 보수를 택했다. 원칙을 지키는 보수, 멈추지 않고 혁신하는 보수, 따뜻한 보수를 만들어 나가기로 마음먹었다. 개혁 보수의 길, 보수 신생의 길이 결코 쉽지 않은 지난한 길임을 알고 있다. 그러나 외로운 길은 아닐 것이다. 87년 체제를 뛰어넘어 새로운 시대로 가는 이 길의 주인은 정치인이 아니라 국민이기 때문이다.